三宝絵本生譚の原型と展開

中村 史著

汲古書院

目次

三宝絵本生譚の原型と展開

はじめに

本書『三宝絵本生譚の原型と展開』は、日本の平安時代、永観二年（九八四）成立の仏教説話集『三宝絵』に入った本生譚（＝jātaka、ジャータカ）にどのようなインド的、仏教的背景があるのかということ、また、それらの原型、または起源、展開、または変容の諸相はどのようなものであるのかを考えようとするものである。あるいは、それぞれの本生譚、ないしその類型話、ヴァリアント（＝variant、変化形）が文学としてどのように読み解けるかを考えようとするものである。

ここで本書を概観しておけば――まず、「第一章　『三宝絵』とその本生譚」は全体の序論である。この第一章で、『三宝絵』とはどのような作品であるかを述べているので、『三宝絵』概説、あるいは研究史のような面がある（しかし、それそのものというには少々偏りのある内容である）。続く「第二章　シビ王本生譚の原型と展開」にも、別の意味で序論の性格がある。なぜならば、この第二章で「本生譚とは何か」ということについて筆を費やし、また、本書においてそれらの説話をどういった方法で論ずるかを述べ、かつここに、本書全体で何度も用いる文献を解説した記述が集中しているからである。またこの第二章、および、そのあとの三つの章、「第四章　スタソーマ王本生譚の原型と展開㈠」、「第五章　スタソーマ王本生譚の原型と展開㈡」、「第七章　大施太子本生譚の原型と展開」では、『三宝絵』

に入ったシビ王本生譚、スタソーマ王本生譚、大施太子本生譚の本来の姿がどのようなものであったか、その原型と展開について考える。一方、「第三章　シビ王本生譚の主題とその達成」では、そうしたシビ王本生譚の類型話、ヴァリアントがその担わされている主題を表現、達成し得ているのか否かを考える。また、「第六章　スタソーマ王本生譚の思想的背景」では、『三宝絵』のスタソーマ王本生譚の中で主人公・スタソーマ王の行為——喰らわれるために約束を守って食人鬼の許に戻るという行為——にどのような意味、思想的背景があるのかを考える。最終章、「第八章　大施太子本生譚の誕生」では、「普施商主型本生譚」と「善友太子型本生譚」との二つの話型が交錯する中で、どのようにして大施太子本生譚という新しい話型が誕生したかについて考える。

本書で取り上げる素材は、本書の題名に『三宝絵』の作品名を掲げているのとは裏腹とも言えるように、第二章以降は実際には『三宝絵』の説話を出発点として仏典などの仏教文献の説話に遡ってゆくことが多い。国文学から学びはじめた筆者が今回世に出す本書は、インド学、仏教学の世界で必要とされる語学を及ばずながらも学び、また、インド学、仏教学の方法や成果を学びつつなしたものである。しかし、素材は国文学離れしているとしても、その一方、発想、手法は国文学のものを持ち込んでいるところがあると思われる。たとえばそれは、説話を文学として「読み解く」ことに努めたところである。誤解であるとの批判を覚悟して言えば、インド学・仏教学の説話研究ではこうした姿勢があまり強くないと実感する機会が多い。もっとも、そのような文学研究は、国文学でも、特に説話研究では、いまや優勢なものでないのかもしれない。また付け加えれば、本書の幾つかの章は民俗学、とりわけ昔話研究の方法に倣っている面もある。

本書は、先に述べたような事情を背景として、国文学の説話研究の方々にも、また、インド学・仏教学の研究者の方々にも読んでいただけることを考えて執筆した。しかし、国文学出身の筆者には、インド学・仏教学の研究者には自明・周知の基礎的な知識であっても、何かといまだに新鮮に感じてしまう場合がある。そのようなとき、そうした知識・概念の解説に、つい長々と筆を費やしてしまうのである。そのような意味で、あるいはその他の意味で、インド学・仏教学の研究者には奇異に見える点が各章に存在するかもしれない。(1) 国文学とインド学・仏教学には、基礎知識、発想、手法、また用語の点で相当な違いがある。果たしてこれは国文学の研究なのか、それとも他の何なのか。非常に中途半端な本書は、そのような自己認識の葛藤の産物である。

注

(1) 筆者は、本書を構成する論文を執筆していたのと同じ期間に、「副専攻」として沖縄の口承文芸、伝承文学の研究を抱えていた。この課題で論文を執筆するときにも、常に、「一体誰に向かって話しているのか、沖縄の読者か、本土の読者か」という自問・葛藤が起こった。

第一章　『三宝絵』とその本生譚

本書『三宝絵本生譚の原型と展開』は、日本の平安時代、永観二年（九八四）に成立した説話集『三宝絵』に流れ込むに至った幾つかのインドの説話、すなわち本生譚、ジャータカ（＝jātaka）の原型と展開の諸相を考えようとするものである。それに先立ち『三宝絵』とは何か、そのことをまずは、『三宝絵』を取り上げる最も主要な分野と言える国文学の伝統に則って概観したい。そののちに、『三宝絵』の本生譚を研究する本書の目指すところを、大枠ばかりであるが、述べておきたい。

一　『三宝絵』とは　そしてその研究の始まり

『三宝絵』の成立の経緯については、作品の「序」に記述されていることがほぼそのまま信ぜられている。すなわち、「序」には、冷泉上皇の第二皇女、尊子内親王が出家したので、その心を励まし慰めるために、源為憲が、「絵」に「文」を添え、昔の仏の行いを説く「仏」の巻、「中来《なかごろ》」日本で仏法が広まったさまを説く「法」の巻、今の世の僧たちの勤めを説く「僧」の巻、「三宝」を説き明かす三巻を、永観二年（九八四）十一月に撰じた、という。(1)

『三宝絵』の研究は、『今昔物語集』『宇治拾遺物語』『日本霊異記』等、日本の説話文学の最も知られた作品に比べると、歴史が短く、層もさほど厚いとは言えない。しかし、最近、説話研究も資料研究がやや優勢を占めるかに見え、また、文化の研究という性格を強めているようにも思われる。そういった関係もあってか、実にさまざまな文献が取り上げられている中ではむしろ主要な作品に数えられるであろう。研究の歴史は、美術史家・中川忠順氏が明治四二年（一九〇九）に前田家本『三宝絵』を紹介したことに始まる。[2] 翌四三年観智院本『三宝絵』が国宝の指定を受け、やがて、国語国文学者・山田孝雄氏による研究が続く。[3] 平安時代の九八四年成立という古い文献であるがため、国語学、国文学、仏教史といったさまざまな分野からアプローチがなされる。[4] また、『三宝絵』特有の性格からして美術史的言及があり、さらに説話文学のみならず物語文学の領域からも関心が寄せられてきている。研究の基礎はほぼ、山田孝雄氏の『三宝絵略注』[5]、小泉弘・高橋伸幸両氏の『諸本對照三寶繪集成』[6]によってなされたと言える。

二　伝本

ここで伝本の状況を確認しておくと、それほど恵まれているとは言えないものの、次の三つの写本が存在する。[7]

(一) 前田家本＝　前田家尊経閣文庫蔵。寛喜二年（一二三〇）に書写されたもの（逸書）を、正徳五年（一七一五）に加賀藩主・前田綱紀が書写させた旨の跋文を持つ。「変体漢文」であり、訓みが決定できない。

(二) 名古屋市博物館蔵本（関戸家旧蔵本）＝　保安元年（一一二〇）年の書写奥書を持つ。「東大寺切《ぎれ》」と山田孝雄校合本とからなる。漢字交じり平仮名表記。全体の約三分の一しか伝わらない。「東大寺切」は源俊頼筆と伝え、古筆家に珍重された。

㈢　東京国立博物館蔵本（東寺観智院旧蔵本）＝　三善某、文永一〇年（一二七三）書写の奥書を持つ。漢字片仮名交じり表記の本文はほぼ全巻にわたり、訓みも決定されている。「三善某」は三善政康のこととされている。(8)

翻刻、活字化されたテキストとしての『三宝絵』は㈢の観智院本を底本とし、㈠の前田家本、㈡の関戸本を参照したものが一般的である。しかしそれは、ともかくも『三宝絵』を「読み通す」実際的な作業のためのやむを得ない選択である。それに対し、関戸本の和文、平仮名は『三宝絵』本来のあり方を示すとも言われ、まもなく述べるように、それこそが高貴の女性への献上本としてはふさわしい姿であったのである。

三　源為憲と尊子内親王

つづいて、『三宝絵』を書いた源為憲はどのような人物であったのか。『尊卑分脈』巻第二、第四などによって知られる為憲の像は、(9)光孝源氏、源忠幹の次男であり、進士、内記、蔵人、式部丞、三河権守、遠江守、美濃守、伊賀守となったことなどである。源順の弟子であり、『拾遺和歌集』巻第八「雑下」に一首の歌を残し、大江匡房談『江談抄』に文人としてのそれなりの評価を示す幾つかの逸話がある。藤原為光の子（七歳）のために『口遊《くちずさみ》』、藤原頼通（十六歳）のために『世俗諺文』を著す等、「教育者」としての性格が強い。その他、『空也誄』『太上法皇御受戒記』等の著作がある。没年については『勅撰作者部類』が寛弘八年（一〇一一）とするのが受け入れられている。受領階級の文人（教育者）としての生涯を送った人物である。慶滋保胤との交流もあり、天台浄土教からの影響も強かった

と考えられている。(10)

その源為憲が『三宝絵』を献上した相手は、既に述べたように尊子内親王である。『一代要記』などによって知られる尊子内親王の生涯のおおよそは、冷泉天皇の第二皇女、花山天皇の同腹の姉、安和元年(九六八)賀茂の斎院となり、天元三年(九八〇)円融天皇に入内、天元五年(九八二)「落飾」、寛和元年(九八五)二十歳にて没、といったことである。(11)はかばかしい後見《うしろみ》もなく入内(弟・花山天皇の退位・出家事件も有名)、若くして出家しまもなく亡くなった。いかにも「薄幸の姫君」の印象がある。『大鏡』は彼女を円融天皇の「女御」とするが、「妃《ひ》」(=皇女が得る位)であったという説(12)がある。また、受戒の日については、天元五年(九八二)十一月十七日ののち永観二年(九八四)十二月あたりまでの間の某日である。その日付については仮説(13)もあるが、決定することは困難である。

四　絵と詞あるいは文章と絵

『三宝絵』は絵と詞《ことば》(=文章)からなる作品であった(あるいはそのようになる予定であった)。これに関わることであるが、国語学者・山田孝雄氏らが、『三宝絵』には漢文(→真名《まな》書き)の草稿本があったとした。為憲がまず漢文(→真名書き)の草稿を執筆し、そののち彼自身が和文(→仮名書き)に書き改めたとするものである。(14)その後、この説を傍証する国語学者の研究が幾つかあり、(15)さらにこれらを整理して――漢文ないし変体漢文の草稿本を平仮名文にしたものが奉献本、そして、その平仮名文・下書き本から詞のみを抜書きしたものの系統が東大寺切(→関戸本)、草稿本の漢文を書き下したものの系統が観智院本ではないか――といった関係を示す系統図も提出されている。(16)いずれにせよ、献呈本が和文（→平仮名書き）であったとするこの説は、そもそも『三宝絵』が高貴の女性に献上されたものであること、東大寺切が漢字交じり平仮名の和文（かつ流麗な筆）という姿で残っていることなどと相応じていることになる。

以上のことと関わって「絵」の問題がある。『三宝絵』の複数の説話の末尾に「絵あり」と記されているが、現存の伝本には一切存在していない。『三宝絵』研究史の始まりも、美術史家がこれらの記述に着目してのことであったと考えられる。『三宝絵』の「序」に「絵に文を加え添えて」とあることなどもあって、『三宝絵』は「絵巻物」あるいは「絵詞」であり、その文章は絵に添えた詞書であるとされている。(17) 物語絵は高貴の姫君の賞玩するものである。(18) これに対し、『三宝絵』の中に「絵解き」部分を指摘する説(19)も出されている。これは「絵解き」の語を、寺社において僧侶などが掛け軸を前にして聴衆に寺社の縁起などを語り聞かせるという、一般的な意味のそれではなく、絵師に描くべき絵を指示した文章という美術史の用語として使っているものである。(20)『三宝絵』が絵詞（＝物語絵）であることと、絵師への指示文としての絵解きを含み持つということは並存し得ることかもしれない。こうしたレベルの問題になってくると、そもそも「絵解きとは何ぞや」という問いへも発展し、美術史の領域へも踏み込むことになる。

五　受容あるいは後代への影響

つづいて『三宝絵』の受容の問題も見ておこう。『三宝絵』の説話は、作品成立の永観二年（九八四）の成立後まもなくから室町期（十五世紀末）までの文学作品などさまざまな文献に受容され、あるいは影響を与えている。また、

『三宝絵』がその当時享受されていたことの知られる記事が見える。(21)すなわちそれらの文献は、慶滋保胤『日本往生極楽記』、鎮源『大日本国法華験記』、『栄花物語』、『今昔物語集』、皇円『扶桑略記』、『宝物集』、往信『私聚百因縁集』、親鸞『大日本国粟散王聖徳太子奉讃』、藤原範兼『和歌童蒙抄』、顕昭『袖中抄』等である。

しかしながら、なぜか江戸期に入ると忘れ去られた存在となったようであり、わずかに『扶桑名画伝』(寛永七年〈一六三〇〉序)第二五に言及があると指摘されているのみである。『日本霊異記』の享受史がそのまま研究史に繋がる観があり、あるいは『今昔物語集』が江戸期より読まれ研究が始まっているのに比較すると、『三宝絵』の場合、明治になってから「再発見」され研究が始まるまで、享受あるいは研究の歴史が断絶しているようである。そうすると、前述した前田家本が正徳五年(一七一五)に書写された件は、『三宝絵』受容の観点からも特記される事柄となるのだろう。

六　出典

受容の問題とは逆に出典の問題もある。『三宝絵』のかなりの部分を作文するのに依拠した資料として、唐・道世の『法苑珠林』が指摘されている。(22)上、中、下各巻の幾つかの説話、特に、「序」、各巻の「序」、下巻末の「讃」的部分にそうした箇所が多いとされる。『法苑珠林』出典のことはこれに先んじて簡潔な示唆(23)があった。しかし、これに対し、部分的には、「何らかの間接的資料(おそらくは経典の抜き書き集)」に拠っているであろうが(それは『法苑珠林』でなく)、同じ文章が現在『法苑珠林』に残るのみであるとして異を唱える立場(24)もある。ここで今、この問題について判断し、決定することはできそうにもない。いずれにせよ、『法苑珠林』以外のそれに類する出典、まとまった量の説話や表現を取った直接的な依拠資料は見出されていないのである。『法苑珠林』に見える説話ならばともかく、そこに見えない説話の研究の際には、各説話の末尾に「…に見えたり」、たとえば、「『大智度論』『六度集経《ろくどじっきょう》』に見えたり」「『霊異記』に見えたり」などと記されている資料が出典格として扱われるか、あるいは、ともかくもそうした資料と対比することによって説話の真髄に近づこうとするのが残された唯一の方法である。

七　各巻およびその説話

出典の問題は各巻やその説話の問題へも繋がってゆく。巻の順を追って述べれば、『三宝絵』上巻の説話は釈迦仏の前世の優れた行いを語る本生譚、ジャータカ（＝jātaka）である。これらについては国文学者のみならず、インド学者も注目している。(25) 上巻第一二話の須太那《すだな》太子本生譚（→パーリ語の Vessantara-jāka に相当）については、これを『太子須大拏経』『六度集経』に依拠しつつ、独自の文学的潤色を加えていると評価する論考(26)がある。国文学の立場からの『三宝絵』上巻の説話研究として好論になっているのではないかと思われる。

『三宝絵』中巻の多くの説話は『日本霊異記』から採られている。また、『大日本国法華験記』に入った『日本霊異記』説話の全てと、『今昔物語集』に入った『日本霊異記』説話のかなりのものは『三宝絵』中巻から採られたものであり、『日本霊異記』に直接由来するものではない。そのため、『三宝絵』中巻の説話を取り上げた研究はこれら作品の中での説話の比較、また、享受史の観点からのものが多いようである。(27)

『三宝絵』下巻の説話は寺社の年中行事、法会について説く説話であり、『三宝絵』三巻の中で最も独自性、価値のあるところとも言える。これらの説話は、仏教史の立場から、（説話文学としてでなく、）法会の資料としても有益なものである。[28] 平安時代の古い文献であるから、さまざまな分野からの注目があり、資料的価値を認められるのは当然のことである。しかしながら、それのみでは文学作品としての『三宝絵』の正当・十全の評価とはならない。そこへ最近、下巻の説話を文学として見る研究[29]も出て来ているのは着目されるところである。

八　編纂と構想――説話集としての『三宝絵』――

説話集を文学として研究するとき、その編纂や構想を考えようとすることにもなるだろう。たとえば、説話集編纂の際に「説話の連鎖・連関」という発想が働くとして、『日本霊異記』編纂論に続き、『今昔物語集』編纂論に先立って、『三宝絵』の編纂を論じた独特の論考[30]がある。『今昔物語集』研究の世界では、国東文麿氏の「二話一類様式」説[31]がほぼ踏襲されているように、説話の連想による配列はたしかに人間の発想として自然な面がある。[32] 特に、二話、三話程度の数の連続する説話の配列などではそうである。しかし、説話集全巻を説話の連想・連鎖によって理解することには無理が多いのではないだろうか。こうした手法、あるいはそれ以外の手法によって、『三宝絵』の編纂や構想・構成を論じた諸論考はあるが、ここではそれらにあまり立ち入ってゆかない。

九　再び『三宝絵』とは　そして『三宝絵』本生譚の研究へ

狭義の「物語」と「説話」を区別する国文学の研究に即して言えば、『三宝絵』は狭義の「物語」と「説話」の性格をあわせ持つ説話集である。[33]というのもまず、『三宝絵』「序」によれば、この作品は一人の読者を想定し書かれたというが、それは説話文学の作品としてはやや異例のことである。また、内親王という高貴な女性読者の「心を慰める」ことを願って書かれたともいうが、これは、日本の古典文学において狭義に「物語」と呼ばれる作品群の持つ性格である。物語文学であれば、まずは、（高貴な姫君の心を慰める）文学的興趣、「おもしろさ」が求められる。『三宝絵』「序」ではさらに続けて、虚構性が強い物語や男女関係を描く物語を否定し、そののち、絵に経典と経典以外の文章を添えた『三宝絵』を奉る旨を述べている。これは「心を慰める」ことと矛盾しているようにも見えるが、結局、素材を物語からではなく、経典と経典以外の文章から取って、「三宝」を説き教えつつ、物語の持つような文学的興趣を捨てまいとする姿勢ではないか。

「説話」もまた広義の「物語」のうちにあり、一種の文学的興趣がその生命である。しかし、狭義の物語に対比したとき、「説話」の大きな特徴の一つは「何事かを教えようとする」性格を持つことであると筆者は考えている。この性格なくしてそれは説話でなく、狭義の物語となる。この「何事か」は知識、あるいは思想と言えるような内容を持つ。「何事か」が――たとえば『江談抄』『中外抄』などの場合には貴族の有職故実であるといったような――知識である場合には、説話に特徴的なこの性格を「知識性」と呼んで良いかもしれない。「仏教説話」の場合、説話が教えようとする「何事か」は仏教の、あるいは仏教に関わる何らかの教え、知識、思想である。それを伝えるのが仏教説話の使命である。それがより思想に傾く場合、説話に特徴的なこの性格を「思想性」と呼んでも良いだろう。狭義の物語も興趣を目的として書かれたその結果としての、自ずからなる思想を持つことがある。説話は逆に、思想や知識を伝えることを目指したその結果、自ずからなる興趣を持つことがあるのだ。こうした興趣を全く持たないのであれば、それは思想、あるいは知識の書ではあり得るとしても文学ではない。

ただ、説話の思想と言っても、その際に思想のレベルは問うべきではないだろう。説話によって、非常に難解・高度な仏教思想――たとえば「唯識」のような――が表現されることもあり得る。一方、単純素朴な教え、あるいは日常の道徳規範のようなもの――たとえば「友は選ぶべきである」といった――さえ説話の思想である。それを表現する説話もまたあり得るのである。『三宝絵』の意図、尊子内親王の「心を励まし慰める」の、「心を慰める」に対比されるもう一つの表現、「心を励ます」というのはこの説話の性格に通ずるものとも考えられる。『三宝絵』では、いわば物語性と説話性との調和、そして文学性と思想性との調和が目指されたのであり、結果としても、それらがほど良い均衡を保っている説話集となったと評価できるのではないだろうか。(34)

『三宝絵』について筆者が主に関心を持つところは上巻の本生譚、ジャータカ、全十三話である。それらの本生譚は「昔の誰々は今の釈迦如来なり」という、「連結」（＝パーリ語 samodhāna）に当たる一文を持つことによって、本生譚のおそらく最も本質的な性格を失っていない。『三宝絵』に先立ち成立した『東大寺諷誦文稿』には、その一六六～一六七行に本生譚らしき記述が見えるが、(35)これは非常に断片的（かつ難読）なものである。また、『今昔物語集』天竺部にはもと本生譚であった説話を多く収めるが、これらは「現在物語」（＝パーリ語 paccuppannavatthu）と「連結」

の枠組みを失い、「過去物語」（＝パーリ語 atītavatthu）のみが、新たな昔話調の枠組み、「今は昔」と「となむ語り伝へたるとや」に嵌めこまれ、異なる意図の説話になると同時に、本生譚の本質を失っている。

しかし、その『三宝絵』の本生譚でも、筆者の知り得たところでは、インド的観念「真実語」やいわゆる「慈心力」(36)は理解されず曖昧化されている（上巻第一話・尸毘《しび》王本生譚、上巻第四話・大施太子本生譚）。一方、「試練を与える神」としての帝釈天(37)の姿は（ある意味わかりやすいものであったためか）残されているが…（上巻第一話・尸毘王本生譚、上巻第一二話・須太那《すだな》太子本生譚）。

『三宝絵』本生譚は全体として素朴なものであるかもしれないが、ともかくも本生譚がその本質的部分を失わずして日本文学に伝わった最古の、あるいは最もまとまった数の例である。このように日本に伝わった本生譚に、どのようなインド的、仏教的背景があるのか、その原型あるいは起源、展開あるいは変容の諸相などを、本書の第二章以降において考えてゆきたい。

注

（1）『三宝絵』「序」「吾が冷泉院の太上天皇の二人に当たり給ふ女御子、…九重の宮に撰ばれ入り給へりしかど、五の濁の世を厭ひ離れ給へり。…物語と云ひて女の御心をやる物、…木・草・山・川・鳥・獣・魚・鳥など名付けたるは、物いはぬ物に物をいはせ、なさけなき物になさけを付けたれば、ただ海の浮木の浮べたる事をのみいひながし、沢のまこもの誠なる詞をばむすびおかずして。『いがのたをめ』…など云へるは、男女などに寄せつつ花や蝶やといへれば、罪の根・事葉の林に露の御心もとどまらじ。なにを以ちてか貴き御心ばへをもはげまししづかなる御心をもなぐさむべき、と思ふに、…あまたの貴きことを絵にかかせ、また経と文とを加へ副へて奉らしむ。其の名を『三宝』と云ふ事は、つたへいはむ物に三帰の縁を結ばしめむとなり。…初の巻は昔の仏の行ひ給へる事を明す。…中の巻は、中来法のここにひろまる事を出す。…後の巻は、今の僧を以ちて勤むる事を、…所々の態を尋ねたり。…参河権守源為憲は、…時に永観二年中の冬なり」。『三宝絵』の引用は以下全て出雲路修『三宝絵』（東洋文庫、平凡社、一九九〇年）により、部分的に改める場合もある。『大鏡』巻三「伊尹」巻にも「女二の宮（＝尊子内親王）は…この宮に御覧ぜさせむとて『三宝絵』は作れるなり」（『大鏡』、『日本古典文学大系』、岩波書店、一九六〇年）とある。

（2）中川忠順「源為憲の三宝絵」（『説話文学』、『日本文学研究資料叢書』、有精堂、一九七二年、初出・一九〇九年）。

（3）山田孝雄「文学史料としての三宝絵詞」（『説話文学』、注（2）参照、初出・一九一四年）。

（4）このあたりの事情は『日本霊異記』とも共通するものである。

（5）宝文館出版、一九五一年。

（6）笠間書院、一九八〇年。

（7）小泉弘・高橋伸幸『諸本對照三寶繪集成』「三宝絵の研究——回顧と展望——」「二　『三宝絵』の諸本」三七一～四一四頁、小泉弘「三宝絵」（『説話集の世界I——古代——』勉誠社、一九九二年）等。注（6）参照。

（8）外村展子「東寺観智院旧蔵本『三宝絵詞』の筆写者」（馬淵和夫・小泉弘・今野達『三宝絵・注好選』、『新日本古典文学大系』、岩波書店、一九九七年、初出・一九九四年）。

（9）岡田希雄「源為憲伝攷」、「源順及同為憲年譜」は今も生きている（『説話文学研究叢書』第七巻、『岡田希雄集』、クレス出版、二〇〇四年、初出・一九四二年、一九四三年）。

（10）高橋貢『中古説話文学研究序説』（桜楓社、一九七四年）「第二章　慶滋保胤と源為憲」九〇～九八頁等。

（11）『二代要記』丙集「第六十三　冷泉天皇」「斎院」「帝二女。尊子内親王。康保四年（＝九六七）九月、為親王。同五年（＝安和元年、九六八）七月一日、為斎院。年三歳。天延二年（＝九七四）四月、遭母喪。後入円融天皇後宮。叙二品。寛和元年（＝九八五）五月一日、薨。年二十歳。或云四月廿九日、薨」（『改訂史籍集覧』「通記」第二）。また、『大鏡』第三巻

「太政大臣伊尹」第三巻「女二の宮は、冷泉院の御時の斎宮《ママ》（→斎院）にたゝせ給て、円融院の御時の女御《ママ》（→妃）にまいり（→まゐり）たまへりしほどもなく、内のやけにしかば火の宮と世の人つけたてまつりき。さて二三度まいり（→まゐり）給てのちほどもなくうせ給にき」（『日本古典文学大系』）。また、『小右記』天元五年四月九日条「伝へ聞く、昨夜、二品女親王…人をして知らしめずして密かに親づから髪を切ると云々。或る説に云はく、邪気の致す所といへり。又云はく、年来の本意といへり。宮人秘隠し実誠を云はず…又云はく、是れ多く切りたるには非ず。唯額髪ばかりなりと云々。頗る秘蔵の詞に似たり。…」（原漢文、『大日本古記録』『小右記』一）。

（12）小松登美「『妃の宮』考」（『跡見学園短期大学紀要』第七・八集、一九七一年）、今西祐一郎「『かかやくひの宮』考」（『文学』第五〇巻第七号、一九八二年）、今西祐一郎「『火の宮』尊子内親王――『かかやくひの宮』の周辺――」（『国語国文』第五一巻第八号、一九八二年）。

（13）というのも、『日本紀略』天元五年十一月十七日条に、尊子内親王が内裏に火事が起こったため実家に退出したという記事があり、彼女がその日まで宮中にいたことが知られる。一方、受戒の師は、『本朝文粋』巻第一四「願文下」に収められた慶滋保胤「為二品長公主四十九日願文」によって、天台座主の良源であることが知られ、『慈慧大師伝』によれば、慈慧大師・良源が死に至る病のために比叡山を下ったのが永観二年十二月、明けて三年の正月三日には亡くなっているからである。受戒の日を、永観二年某月十九日であったとする説があるが、これは、尊子内親王四十九日願文から推測したもの（山田孝雄『三宝絵略注』「三宝絵詞の研究」四三三～四三四頁）である。また、『三宝絵』撰進ののち、永観二年十一月十九日とする説もあるが、これは山田説を受け、『三宝絵』の出家を勧める語調に着目したもの（塚田晃信「落飾と受戒の間――三宝絵撰進の背景試論――」、『東洋大学短期大学紀要』第七号、一九七六年）である。

（14）春日政治「和漢の混淆」（『国語国文』第六巻第一〇号、一九三六年）二四頁、山田孝雄『三宝絵略注』「三宝絵詞の研究」四二一～四二二頁。

（15）水田紀久「東寺観智院本三寶繪詞の記載形式の成立」（『国語国文』第二一巻七号、一九五二年）等。

(16) 馬淵和夫「三宝絵詞の草稿本、東大寺切・関戸本について」(『説話』第九号、一九九一年)。この馬淵論文には系統図も記されているので、参照されたい。
(17) 『三宝絵』の絵が伝存していたとすれば、『信貴山縁起絵巻』と『宇治拾遺物語』の説話「信濃国の聖の事」の場合のように、美術と文学の両分野から関心や研究の及ぶ対象となっていた可能性がある。
(18) たとえば、『源氏物語絵巻』(鎌倉時代成立)の「東屋」巻(徳川美術館蔵)に、女房が「詞」を読み上げるのに「絵」を眺めつつ聞き入る浮舟の姿が描かれている。物語絵の享受のされかたとしてしばしば挙げられる。
(19) 安田尚道「三宝絵の絵と絵解き」(『絵解き』有精堂、一九八五年)。
(20) 増成富久子「『三宝絵』東大寺切における『絵解き』部分の性格」(『築島裕博士古稀記念 国語学論集』(汲古書院、一九九五年)はこうした趣旨の論考である。馬淵和夫「三宝絵詞の草稿本、東大寺切・関戸本について」の末尾に「絵解き」の用語と『三宝絵』の絵と詞の関係について概略が述べられている。注(16)参照。
(21) 小泉弘・高橋伸幸『諸本對照三寶繪集成』「三宝絵の研究――回顧と展望――」「四 『三宝絵』の後代文学に対する影響」四八三~五三九頁。
(22) 森正人「三宝絵の成立と法苑珠林」(『愛知県立大学文学部論集(国文学科編)』第二六号、一九七七年)、小泉弘 高橋伸幸『諸本對照三寶繪集成』「三宝絵の研究――回顧と展望――」「三 『三宝絵』の出典と文章構造」四一五~四八二頁等。
(23) 本田義憲「Sarṣapa・芥子・なたねに関する言語史的分析」(『仏教学研究』第一八巻第一九号、一九六一年)。
(24) 出雲路修『三宝絵』「解説」二八二頁。この書では概して、上巻の各説話末に「『六度集経』『智度論』に見えたり」などと記された経典等からの直接的依拠が考えられている。上巻各説話の注参照。
(25) 伊藤千賀子「『三宝絵詞』における『三帰の縁』から『仏になる道』まで」(『早稲田大学大学院文学研究科研究紀要』別冊第一六集、一九八九年)、塚田晃信「国文学のジャータカ(一)――三宝絵を中心として――」(『東洋学研究』第九号、一九七五年)他、塚田氏の論考等。

(26) 太田紘子「三宝絵（上十二）と出典の文章」（『岡大国文論稿』第一二号、一九八四年）。
(27) 佐藤辰雄「『法華験記』の依拠した『三宝絵』伝本をめぐって」（『歌子』第五号、一九九七年）は『法華験記』を主軸とした研究であるが、『三宝絵』伝本の問題をもあわせ論じた興味深い論考である。
(28) 小林真由美「百石讃嘆と灌仏会」『成城国文学論集』第二六号、一九九九年）等参照。また、筆者はかつて、大学院において、声名研究の岩田宗一氏（当時大谷大学教授）が指導される、そうした趣旨の演習に参加したことがある（立命館大学大学院日本文学専攻・一九九二年度「中世文学特殊講義」）。
(29) 横田隆志「舎利をめぐる法会と説話――『三宝絵』下巻『比叡舎利会』を読む――」（『国語と国文学』第七七巻一二号、二〇〇〇年）、「百石讃嘆と『三宝絵』」（『論集説話と説話集』和泉書院、二〇〇一年）、「『三宝絵』下巻『孟蘭盆』考」（『仏教文学』第二六号、二〇〇二年）等。
(30) 出雲路修『説話集の世界』（岩波書店、一九八八年）「第一部　説話集の内的秩序」「二《三宝絵》の編纂」（初出・一九七五年）。
(31) 国東文麿『今昔物語集成立考（増補版）』「今昔物語集の構成」（早稲田大学出版部、一九七八年、初版一九六二年）。
(32) 筆者はこのことを、口承文芸・昔話資料の整理、分類、配列を通じて実感している。拙稿「沖縄・糸満市の昔話」（『奄美沖縄民間文芸研究』第一二号、一九八九年）、「沖縄・豊見城の昔話」（『奄美沖縄民間文芸研究』第一八号、一九九五年）等。
(33) ここで筆者が述べていることと近い見解が、出雲路修「物語と仏教」（『仏教文学』第一五号、一九九一年）に示されている。
(34) それに対し『日本霊異記』などは説話性が勝《か》っており、『宇治拾遺物語』などは物語性に傾いていると想定できるのではないか。
(35) 中田祝夫『改定新版東大寺諷誦文稿の国語学的研究』（風間書房、一九七九年、初版一九六九年）「東大寺諷誦文稿　影印・釈文」四六頁、「東大寺諷誦文稿　訓み下し文」一三四頁。

（36） 真実語とその研究、慈心力とその研究については後述する（本書・第五章と第六章、第七章と第八章参照）。「慈心力」の語は原実「慈心力」（『国際仏教学大学院大学研究紀要』第三号、二〇〇〇年）による。

（37） 「試練を与える神」としての帝釈天とその研究については後述する（本書・第二章参照）。

付記

本書を脱稿したのち、校正の最中に、『国文学――解釈と鑑賞――』第七二巻八号（二〇〇七年八月）「特集　説話文学の魅力を探る――その黎明期から盛行期まで――」が刊行された。そこには森正人「三宝絵――内親王のための仏教入門書――」が掲載されている。

第二章　シビ王本生譚の原型と展開

はじめに

慈悲の心深いと噂の高いシビ王の許に、その決意を試そうとして二人の神、鷹に化した帝釈天と鴿《はと》に化した毘首羯《びしゅかつ》磨天《まてん》がやって来る。鴿はシビ王の懐に逃げ込み、鷹は「私の食らうべき鴿を渡せ」と要求する。そこで、シビ王は鴿の代わりにと、鷹に自らの肉を切り取って与えようとする。最後に、己の決意を表明するシビ王の誓いの言葉と帝釈天の薬によってシビ王の肉体は回復する。過去の世のシビ王は今の世の仏である――『三宝絵』のシビ王本生譚はこのように語られる。檀波羅蜜《だんばらみつ》、すなわち、布施波羅蜜の例証話として示されているものである。その源流は仏典、仏教文献等に辿ることができるものであるが、幾つもある類話、あるいは、パラレル（＝parallel、平行話）の中にはむしろ「求法」を例証するためのシビ王本生譚がある。本章ではそのことを確認しつつ、シビ王の説話がさらに古くはヒンドゥー教世界において「王の務め」（＝rāja-dharma、ラージャ・ダルマ）を教える説話ではなかったかということを述べてゆくものである。

なお、シビ王本生譚には主に二通りの話型（＝type、タイプ）がある。(1)その第一は、先ほど述べたようなもの、シビ王の許に帝釈天の化した鷹と毘首羯磨天の化した鴿が現れ、鷹に襲われた鴿がシビ王に庇護を求め、王が鴿の代償として自らの肉を与えようとするものである。第二の話型のシビ王本生譚では、帝釈天は盲目の婆羅門（＝brāhmaṇa、ブラーフマナ）の姿となってシビ王にその眼を乞うのである。後者「盲目の婆羅門」とも題すべきものは、話型が異なるのみならず、パーリ語仏典を伝承の中心とするものである。本書では「鷹と鴿型」とも名付けるべき話型のシビ王本生譚のみを考察の対象として取り上げ、「盲目の婆羅門型」のシビ王本生譚について考えることはいずれの日かの課題としたい。

さて、「鷹と鴿型」シビ王本生譚について、本章の結論の一部を先取りして言うならば、まず、仏典では、「釈迦の前生」「菩薩」という構成要素に加えて、「布施波羅蜜」、すなわち布施の完成という要素を備えたのは、『大智度論』と『六度集経《ろくどじっきょう》』だと考えられる。この両者に直接的にか間接的にか由来するのが、日本の『三宝絵』シビ王本生譚である。しかし一方、『大荘厳論経《だいしょうごんろんきょう》』『菩薩本生鬘論』『賢愚経』に収められたシビ王本生譚は『大智度論』などのシビ王本生譚とほぼ同じ構成を取り、同じ展開を辿る話でありながら、主題は全く異なり、徹底した「求法」を行うべきことを説くときの例証話として語られている。また、ヒンドゥー教叙事詩の『マハーバーラタ』のシビ王説話は、本来、「全ての生き物を守護せよ」という、ヒンドゥー教世界のクシャトリヤ、もしくは王の法、王の務め（＝rāja-dharma、ラージャ・ダルマ）を説く話であったようである。

以下、本書で取り上げてゆく漢訳仏典の多くは、その漢訳の年代について記録や伝承があるものの、原典の成立の時代はよくわかっていない。また、サンスクリットの仏典やパーリ語仏典、そして、仏典以外のインドの文献も、成立の年代についてさまざまな説が立てられていても、厳密・正確な年代が決定されていることは少ない。さらに、各文献には、より新しい部分とより古い部分が混在する場合がある（段階的に成長、成立していった文献もある）上、より新しい文献により古い性格の説話や記述が収められている可能性もある。本書では、説話の収められた文献の成立年代にあまり拘泥しないことにする。現存する文献の中に収められた説話以外に存在した説話が消滅し伝存しなかった例もあるであろうことをも考慮し、一種仮想的な説話の伝承の流れのようなものを考えてゆきたい。

一　本生譚・ジャータカとは

ところで、そもそも、本生譚、ジャータカとは何か、そのことをここで確認しておきたい。漢訳仏典の世界で「本生」あるいは「本生譚」と呼ばれるものは、サンスクリット、およびパーリ語で「ジャータカ」（＝jātaka）と呼ばれる仏教説話である。漢訳仏典において本生譚とは多く、釈迦が前世において、人間として、動物として生を享け、さまざまな優れた行為を行ったさまを物語るものであり、その偉業によってこそ悟りを得て今の世に仏となったという因縁を解き明かし、仏を讃仰することを意図する文学作品である。一方、本生譚、ジャータカの定義ないし解説は、上座部仏教（＝南伝仏教）の伝えるパーリ語の『ジャータカ』に基づいてなされることが多い。この『ジャータカ』は、パーリ語で書かれたジャータカ説話を五四七話集成したものであり、そこに収められたジャータカはジャータカとして最も整った形式を持っている。たとえば、インド文学研究者・岩本裕氏はジャータカについて、次のように述べた（定義というよりむしろ解説といった記述である）(2)。

ジャータカは一般に「本生」と訳されるが、ブッダの前生物語で、ブッダはボーディ＝サットヴァ（漢訳では菩薩という）すなわち「さとりに到達すべき者」として登場する。すなわち、ブッダは前生において人間として、神として、あるいは動物として生れ、一身を犠牲にするなどの善行を重ねて功徳をつむのであるが、（その果報として今生にブッダとなったと説明される）、（中略）今日ジャータカ文献としてもっともよくまとまっている南伝の『ジャータカ』によると、そのいずれも、現存の形式では

㈠　現在物語（paccuppnavatthu）――いかなる機会にブッダが僧たちにこの物語を語ったかを記す部分

㈡　過去物語（atītavatthu）――ブッダの前生物語でジャータカの本質的部分

㈢　連結（samodhāna）――過去物語の人物と現在物語の人物とを結びつける部分

の三部分から成っているが、最後の連結の言葉の中にブッダがかならず「そのときの何某はわたしであった」という言葉のあることが特色をなしている。この言葉こそジャータカがブッダの前生物語であるゆえんを確認するものであるからである。

パーリ語ジャータカの三部構造は「現在事」「過去事」「連結」などと訳されることもあるが、本書では「現在物語」「過去物語」「連結」という訳語を採用したい。「現在物語」では、たとえば――仏弟子の一人が女の色香に溺れるさまが描かれ、仏が「この者は過去の世においても女に惑わされたのであり、私はそのときにもこの者を教え諭したのである」と言って、過去の世のことを語りはじめるまでが述べられる。続く「過去物語」は、仏が語る、まさにその仏弟子が前世の何らかの存在において女色に溺れ、そして、仏が何らかの存在においてその者を教え諭したという物語である。最後の「連結」において物語の時間は「現在」（＝現在物語の現在）に帰り、語りおえられたところの過去

物語において女色に溺れた者が今のその仏弟子であり、それを諭した者が今の仏であることが再び述べられて物語全体が終わる。

このようにしてみると、現在物語は「現在物語㈠」、連結は「現在物語㈡」と呼びかえても良いようなものであり、逆に、現在物語を「連結㈠」であり、連結を「連結㈡」としても良さそうである。いわば「現在物語㈠」あるいは「連結㈠」と、「現在物語㈡」あるいは「連結㈡」が枠となってその枠の中に「過去物語」が嵌めこまれた、一種の「枠物語」となっている。そうした枠（＝枠組み）によってさまざまなモチーフを持つ説話も、一つの（特定の）主題を持つものとして最終的に提示されることになる。その中でも、「仏は今の世にのみかくかくしかじかであるのではなく、過去の世においても…」と説き明かすのが、すなわち、「連結」するのがジャータカの本質的性格である。杉本卓洲氏は菩薩思想をジャータカとの関わりで論じ、ジャータカはもともと現在あることと同じことが過去の世にもあったと説くことを大きな主眼とするものであり、ジャータカが菩薩の思想と結合し、仏の讃仰の文学となったのは後代のことであると結論した。(3) やはり、パーリ語『ジャータカ』や仏教混淆サンスクリットで書かれた『マハーヴァストゥ』のジャータカ説話を基準として述べられたものである。

一方、漢訳仏典の本生譚においては、しばしばこのような整った構成が見られず、過去物語を囲む前後の枠、現在物語と連結のうちどちらか片方しか存在しないことがある。また、現在物語と連結が揃っている場合にも、揃っていない場合にも、それらが、仏の登場する「物語」となっておらず、単に「序」「結」とでも呼ぶべき、いわば客観的記述になっていることもある。そうした何らかの序、結さえ存在しないこともある。そういった場合であっても、過去物語の前後のどこかに、「過去の世の誰々は現在の誰々、過去の世の誰々は現在の仏である。誰々は現在の世においてのみならず、過去の世にも…」と説く「連結」の機能を持っているなどのことにより、やはり本生譚、ジャータカと見なされるのである。以下、本書では、必要に応じて本生譚を「現在物語」「過去物語」「連結」、あるいは「序」「過去物語」「結」などと三部に分割して示してゆくことにする。

なお、文献に遡る可能性の高い事例として、仏教遺跡群に残る本生譚の浮彫、壁画などがある。シビ王本生譚一つを例に取っても、干潟龍祥氏によれば、四世紀頃までの仏教遺跡、アマラヴァティー（二、三世紀）、ナーガールジュナコンダ（二、三世紀）、マツラー（一〜二世紀以後）、ガンダーラ、アジャンター（三世紀または四世紀頃か）に残っているという。(4) 最古の仏教遺跡・バールフット（紀元前二世紀中）にはないが、ここに現存する本生譚浮彫が本来存在していた分の約三分の一であることからすれば、もともとシビ王本生譚の浮き彫りがあった可能性も捨てきれない。これら本生譚の発祥期のありかたについて、干潟氏は次のように推定された。

その最初できる時には、恐らくは当時民間に知られていた寓話（中略）の中から、その主人公又は賛仰すべき行為者（中略）の行動が釈尊の前生として適わしいようなのがあった場合に、それを借りて来て、その主人公（又は善行者）を釈尊の前生だとしたものである。

本生譚の過去物語の部分が本来仏教外の説話であり、一般的な寓話・教訓話等であったこと、かつ、仏教に取り入れられた当初は仏の前生物語・菩薩の物語でもなかったということである。

二　試練を課す神としての帝釈天・インドラ

さて、これら本生譚の中には、帝釈天が仏になることを目指す者に試練を課すというモチーフが見出されることがある。たとえば、帝釈天が布施の完成を目指す人物の決意のほどを試すというものである。もともと、帝釈天が修行者、とりわけ苦行をこととする者に試練を課すのは、修行者、苦行者がその功徳によって帝釈天の位に達することを恐れるがゆえであった。その苦行者が帝釈天の位に即くことになれば自らの位が奪われるために、恐れ妬んで苦行者に妨害を加えるのである。(5)『リグ・ヴェーダ』において最も多くの賛歌を捧げられたインドラ神であったが、のちに、ヒンドゥー教、仏教においてその地位は低落し、立場を脅かされる神となった。しかし、本生譚の中での帝釈天は、常に保身のため人の苦行、善行を阻む役割を演ずるのではなく、しばしばまた、そうした行為を行う者の決意を試し、あるいはその者が本物の菩薩、仏となることを目指す者であるか、自らの帰依すべき者であるかを見極めようとして、そういった試練を与える。試練を課す神としての帝釈天の像には、歴史的にあるいは場面によってさまざまな位相の差があるのである。

こうした帝釈天の試練のモチーフは、シビ王本生譚の他に、須大拏《すだな》（＝Sudāna）太子本生譚（→パーリ語の Vessantara-jātaka、ヴェッサンタラ・ジャータカ）(6)、兎本生譚(7)（→パーリ語の Sasa-jātaka、ササ・ジャータカ）などにも登場する。また、帝釈天が試練を課すのは「法」、仏の教えを説く偈頌を求めようと決意する人物である場合もある。たとえば、『大般涅槃経』の雪山童子本生譚(8)がそうである。他にも、同じ例として、善面（＝Surūpa）王本生譚(9)、梵摩達多《ぼんまだつた》（＝Brahmadatta）王太子本生譚(10)などが挙げられる。のちほど述べるように、実は、シビ王本生譚（「鷹と鴿型」）の主題も「求法」とされていた場合があり、試練を課す神としての帝釈天は、何かと「布施」や「求法」を追求する者の前に現れるようである。興味深い事柄であるが、ここでは深く立ち入るわけにはゆかない。本章では専ら、シビ王本生譚が、より古くはどのような性格の説話であり、どのような変容の過程を辿ったかについて考察したい。

以下、本書において、説話などの文献の記述を引用あるいは提示するに際して、適宜、原文のまま（古文、漢文等）、書き下し文（漢文の場合）、日本語訳（サンスクリット、パーリ語の文章の場合）、または要約とする。

三　『三宝絵』のシビ王本生譚

シビ王本生譚は仏典や仏教文献の中で展開したのち、『三宝絵』の上巻第一話となった。『三宝絵』のシビ王本生譚を見てみよう。(11)『三宝絵』のシビ王本生譚では、「現在物語」に当たるべき部分が「布施波羅蜜とは何か」という定義のような記述、単に「序」とでも言う記述に変わっている。そののちいわゆる「過去物語」が続き、最後に「連結」その他の記述がやや雑然と置かれている。「過去物語」のあとの記述を全てあわせて「結」としておこう。

①序＝　「菩薩は、世々に檀波羅蜜を行ず。其の心に念はく、『もし物を施す心を習はずは、常に貧しく苦しき身を受くべし。人を助くる力を備へ仏に成る道を行はむ』と思ひて、己が有る物をば、乞ふに随ひて与ふ。国・城・妻・子を施す事、木・草を捨てむよりも軽し。頭・目・手・足を与ふる事、石・土くれ抛《な》げむよりも安し。いはむや、此の外の宝は一も惜む心無し。」

②過去物語＝　昔の世のこと、尸毘王という国王がおり、慈悲の心が深かった。帝釈天が王を試そうとして毘首羯磨天を語らい、帝釈天は鷹に、毘首羯磨天は鳩になって、鳩が尸毘王の許に逃げ込み、鷹が鳩を返せと王に迫った。衆生を憐れみ救う誓いを持つ王は鳩の代わりに自分の肉を鷹に与えることにし、鳩の重さだけ自分の肉を切

り取って秤に掛けた。次々と切り取って、尸毘王がついに全身を秤に掛けたとき、帝釈天は真の姿を現した。そこで、尸毘王は帝釈天に「この苦痛によっても自らの心に微塵も悔いがないならば、この肉体は元に戻れ」と宣誓した。そして、帝釈天の薬によって王の傷は癒え元の体に戻り、そののちますます布施に励んだ。

③結＝「自づからの命を惜まざりしし、是れを檀波羅蜜を満つるとせり。昔の尸毘王は今の釈迦如来なり。『六度集経』『智度論』等に見えたり。絵有り。」

そして、この第一話のあと、

第二話は「菩薩は世々に持戒波羅蜜を行ふ…」、
第三話は「菩薩は世々に忍辱波羅蜜を行ふ…」、
第四話は「菩薩は世々に精進波羅蜜を行ふ…」、
第五話は「菩薩は世々に禅定波羅蜜を行ふ…」、
第六話は「菩薩は世々に般若波羅蜜を行ふ…」、

と、六波羅蜜を順々に説き、六波羅蜜の教えを体現するとされる説話を挙げてゆく構成である。続く第七話から第一三話は、「六波羅蜜」ほど明白な主題を説くものではないが、第六話までと同じく仏の前世の行いを語る本生譚である。(12) さて、『三宝絵』シビ王本生譚が、直接的にか間接的にかは決定できないが、何らかの形で由来する文献は、話の結末でも断られている通り、『大智度論』(13) である。

四　『大智度論』のシビ王本生譚

『大智度論』は龍樹作、鳩摩羅什訳と伝えられてきた文献である。亀茲国(＝クチャ)出身の鳩摩羅什(＝Kumārajīva、クマーラジーヴァ、三四四〜四一三または三五〇〜四〇九年[14])は龍樹(＝Nāgārjuna、ナーガールジュナ、一五〇〜二五〇年頃[15])の中観教学を修め、のち後秦(＝姚秦)において訳経に励んだ人物であるという。しかし、近年『大智度論』の成立・作者については、鳩摩羅什作者説に至るまでの龍樹作を疑う説が提出されていて決着もつかない[16]。個別の記述が追補される可能性もあるわけであるから、『大智度論』中のシビ王本生譚についても、二、三世紀から四、五世紀までのかなりの幅を持たせて考えておくほかはないというむずかしい状況にある。

ともあれ、『大智度論』という論書は『摩訶般若波羅蜜経』(＝『大品般若経』)の経文を解釈する注釈書という体裁を取りつつ、それがそのまま「空」や「菩薩」の思想などの初期大乗仏教の重要な教理についての記述となっているというものである。巻第四では『摩訶般若波羅蜜経』初品の「復た菩薩・摩訶薩有り」という経文に対して注釈し、菩薩に関わるさまざまな事柄を問答形式で論述して六波羅蜜の解説に及ぶ。最初に、仏の説法を聴聞するために集まったさまざまな人々を挙げる中で菩薩が最後になっている点に言及し、「なぜ、菩薩が比丘、比丘尼、優婆塞、優婆夷のあとに挙げられるのか」という問いが投げ掛けられる。のち、「鞞跋致《びばっち》(＝退転)の菩薩と阿鞞跋致《あびばっち》(＝不退転)の菩薩とはどうして見分けるか」という問いに対する答えの中に、「三十二相の業を種《う》ゑてより已来《このかた》、是を菩薩と名づく」という「阿毘曇《あびどん》」(＝abhidharma、アビダルマ)の論からの引用があって、仏の三十二相について詳述してゆく。その過程に「菩薩はどのくらいの時を経て三十二相を身に付けるのか」という問いに対して、「きわめて遅い者は百劫、きわめて早い者は九十一劫」という答えがあり、弗沙仏《ふっしゃぶつ》（＝Pusya Buddha）の世の釈迦と弥勒の二菩薩の物語が語られる――そのとき、釈迦菩薩の心は「純淑」していなかったが、彼の弟子はみな「純淑」していた。一方、弥勒菩薩の心は「純淑」していたが、弟子たちは「純淑」していなかった。弗沙仏は釈迦菩薩にさまざまな試練を課し、結果として釈迦菩薩は九十一劫に悟りを得ることができた――と。これに対してさらに問答が続く[17]。

　問ひて曰はく、「釈迦牟尼菩薩は何を以てか心未だ純淑せざるに而して弟子は純淑し、弥勒菩薩は自ら心純淑せるに而して弟子は未だ純淑せざるや」と。

　答へて曰はく、「釈迦牟尼菩薩は衆生を饒益する心多く、自ら身の為になすこと少なきが故なり。弥勒菩薩は己が身の為になすこと多く、衆生の為になすこと少なきが故なり。鞞婆尸仏《びばしぶつ》より迦葉仏に至る其の中間の九十一大劫に於いて三十二相の業の因縁を種ゑ集め竟つて六波羅蜜満ぜり。何等をか六と為す。檀波羅蜜、尸羅波羅蜜、羼提《せんだい》波羅蜜、毘梨耶波羅蜜、禅波羅蜜、般若波羅蜜なり」と。

このあと、直ちに、布施波羅蜜、檀波羅蜜についての問答が続く。

　問ひて曰はく、「檀波羅蜜は如何が満ずる」と。

　答へて曰はく、「一切を能く施して遮凝《さまた》げらるる所無し。乃至身を以て施す時、心に惜しむ所無し。譬へば尸毘王の身を以て鴿に施せるが如し。釈迦牟尼仏、本の身は王と作れり。尸毘と名づく。…」と。

以下、順々に残る五波羅蜜が説かれ、それぞれの例証となる説話が披露されるという構成を取っている。その中で、シビ王本生譚は布施波羅蜜の例証という役割を期待されている。その内容、文章を『三宝絵』のものと比較すると、

『大智度論』のシビ王本生譚を簡略化し和文化したもの、あるいはその流れを汲むのが『三宝絵』のシビ王本生譚であることが確認されるが、本章ではそれを具体的に見ることはしない。一方、そのように、布施波羅蜜を例証する役割を期待されていることと、実際にその期待に応え得ているか、布施波羅蜜の説話として成功しているか否かは別の問題である。そうした実際の文章、表現レベルの事柄を、本章に続く「第三章　シビ王本生譚の主題とその達成」において考えたい。

なお、このほかに、布施波羅蜜の例証として、『大智度論』では、

巻第十一に韋羅摩《いらま》、大国王、鴿、

巻第十二に須提拏《すだいな》太子、薩婆達《さつばだつ》王、月光太子、六牙の白象、迦頻闍羅《かびんじゃら》鳥、

巻第十六に菩薩（→「捨身飼虎譚」）、

巻第三十三に韋羅摩菩薩、須帝隷拏《すだいな》菩薩、薩婆達多王、尸毘王、菩薩（→兎本生譚）

などの話が挙げられている。(18) シビ王本生譚は布施波羅蜜の説話の典型例の一つとして認定されているわけである。

五　『六度集経』のシビ王本生譚

シビ王本生譚のこうした性格は、『六度集経』の巻第一から第三「布施度無極章」においても見ることができる。『六度集経』は、康僧会《こうそうえ》が呉の太元元年（二五一）から天紀四年（二八〇）の間に訳出したと言われる。サンスクリット原典は現存しないが、その少なくとも根幹は二世紀半ばに成立していたという説(19)がある（いずれにせよ、『大智度論』

と『六度集経』の前後関係は決められず、両者に収められた二つのシビ王本生譚の前後関係や影響の有無も決められない）。ともかくも、『六度集経』を見てみれば、経の全体は、あるとき、仏が王舎国（＝王舎城を首都とするマガダ国、Magadha）の鷂山《ようせん》（＝霊鷲山、Gṛdhra-kūṭa）にいたとき、仏が一菩薩の求めに応じて「六度無極」について説いたという設定になっている。すなわち、仏が六波羅蜜について順々に説き、それぞれの波羅蜜を表す説話が語られるのである。その第一である布施波羅蜜について教える仏の言葉は次のようなものである(20)。

何をか六と謂ふ。一に曰はく布施、二に曰はく持戒、三に曰はく忍辱、四に曰はく精進、五に曰はく禅定、六に曰はく明度の無極の高行なり。布施度無極とは、厥《そ》れ則ち云何。人・物を慈しみ育て、群邪を悲しび愍ぶことなり。賢なるを喜び度するを成ずることなり。衆生を護り済ふことなり。天に跨がり地を踰え、河海を潤し弘くして衆生に布施することなり。飢ゑたる者は之に食せしめ、渇ける者は之に飲ましむることなり。寒衣にて涼なるを熱め、疾く済ふに薬を以てすることなり。

これに続き、布施度無極を説くために挙げられる全二六の例証話のうち、須大拏太子本生譚に続く第二のものがシビ王本生譚である。

菩薩は大国王為りき。薩波達《さつばだつ》（→Sarvadatta、一切施？）と号す。衆生に布施して其の索むる所を恣にせり。厄難を愍び済ふこと常に悲愴なるもの有り。…是より後、布施すること前に踰えたり。菩薩の慈恵度、無極にして布施を行ずること是くの如し。

ここにシビ王という名は出て来ないのであるが、設定・展開からして、これはシビ王の話と判断して良さそうである。『六度集経』において、シビ王本生譚はやはり布施波羅蜜を説く役割を持たされているのである（しかし、これがまた、布施波羅蜜の説話としてはどうかということは第三章において考えたい)。

六　『大荘厳論経』のシビ王本生譚

しかし、仏典には、このような布施波羅蜜の例証としてのシビ王本生譚ばかりが見出されるわけではない。つぎに、「求法」の例証という役割を持たされたシビ王本生譚を見てゆくことにしよう。まずは、『大荘厳論経』に収められたシビ王本生譚である。『大荘厳論経』は馬鳴(＝Aśvaghoṣa、アシュヴァゴーシャ、二世紀)の作、後秦・鳩摩羅什の訳(建元一九～弘始三年、三八四～四〇一)と伝えられる。この漢訳仏典と、断片となって発見されたサンスクリット原典とされるものとの関係については諸論争があり、いまだに決着がついていない[21]。ここでは、漢訳仏典の『大荘厳論経』のみを見ることにする。この仏典では全九十の説話それぞれの冒頭に、その説話にふさわしい仏教的訓戒が一つずつ付けられている。それらは、「六波羅蜜」のような決められた教理が簡潔に標語のような形で表現されたものでなく、「少欲たるべし」「戒を持すべし」といった雑多な訓戒をやや詳しく述べるものとなっている。また、訓戒のために説話を集めたというより、集められた説話に即した訓戒が与えられているという観がある。

『大荘厳論経』の巻第一二の冒頭[22]は、

復次《また》、仏法は聞き難し。如来、往昔《むかし》菩薩為りし時、身命を惜しまず、以て法を求めたまへり。是の故に応当《まさ》に勤心して法を聴くべし。

とあって、聞き難い法を心して求め聴くべしと説くものである。そして、このあと直ちに、例証としてのシビ王本生譚を引くのである。

我、昔曾て『鴿縁比喩』を聞く。邪見の師有り。釈提桓因・帝釈天（＝Śakro devānām Indraḥ、神々の王たるシャクラ、シャクラは名前）の為に顚倒の法を説く。……

この邪見・外道の師が自ら「一切智」、仏陀と称し、帝釈天に、「阿耨多羅三藐三菩提《あのくたらさんみゃくさんぼだい》」、無上の悟りなど存在しないと説いた。落胆した帝釈天に、毘首羯磨天が「シビ王が悟りを求めており、遠からず仏となるであろう」と告げた。そこで、帝釈天はシビ王の決意のほどを試す気になるのであり、鷹の姿と化し鴿となった毘首掲磨天とともにシビ王の許に現れるという物語が展開されてゆく。つまり、『大荘厳論経』のシビ王本生譚は、『大智度論』や『六度集経』のシビ王本生譚とよく似たストーリーのものでありつつ、その主題は布施でなく、徹底した求法ということにあるのが確認される。付け加えて言うならば、『大荘厳論経』には「布施すべし」という訓戒もあるのだが、そこにシビ王の話は引かれていない。

そして、同様の例として挙げられるのが、『菩薩本生鬘論』のシビ王本生譚である。『菩薩本生鬘論』はアーリヤシューラ（＝Āryaśūra、二世紀）の『ジャータカ・マーラー』（＝*Jātakamālā*）を、宋の紹徳と慧詢が漢訳したもの（建隆元～建炎元年、九六〇～一一二七）と伝えられてきたが、実は翻訳を装った似非漢訳仏典であったことが明らかにされている。(23)『菩薩本生鬘論』に収められたシビ王本生譚も『賢愚経』から取られ、部分的に変えられたのであるという。したがって、これを本章で取り上げることはやめ、第三章において少しだけ見ることにしたい。なお、『菩薩本生鬘論』のシビ王本生譚が「鷹と鴿型」となっているのに対し、前述の苦しい隠蔽工作の一つの証拠として、「原典」の『ジャータカ・マーラー』に入っているシビ王本生譚は「盲目の婆羅門型」である。したがって、本書ではこれを取り上げない。

七 『賢愚経』のシビ王本生譚

つづいて、『賢愚経』の巻第一「梵天請法六事品」に収められたシビ王本生譚を見たい。『賢愚経』は慧覚訳（北魏・太平真君六年、四四五）と伝えられる。『出三蔵記集』によれば、曇学・威徳らが于闐での法会説法の記録を訳したものという。(24) 漢訳から訳されたというチベット訳も残るが、(25) ここでは漢訳からのものを見ることにする。「梵天請法六事品」の冒頭には全六話の本生譚に共通する、いわば「現在物語」が置かれている。摩竭国《まかつ》（＝マガダ国）の「善勝道場」において、衆生の度し難いのに絶望し般涅槃しようとする仏を、梵天が言葉を尽くして止めようとするのである。(26)

「世尊よ、往昔、無数劫の時、恒《つね》に衆生の為に法薬を採集《あつ》め給ふ。乃至、一偈も、身と妻子を用以《もち》て募求《もと》め給へり。云何が、念はずに便ち孤棄《す》てむとし給ふや。…」

そして、梵天は、仏が無数劫の過去から身を捨て妻子を犠牲にして衆生のために「法」を求めてきたという、六つの話を語る。その第六がシビ王本生譚である。

「又復《また》、世尊よ、過去久遠阿僧祇劫に閻浮提に於いて大国王と作る。名づけて尸毘と曰ふ。…尸毘王は、今の仏の身是れ也。世尊よ、往昔、衆生の為に身命を顧みざること、乃至是くの如し。今、世尊よ、法海已に満ち、法幢已に立ち、法鼓已に建ち、法炬已に照り、潤益成立せり。今、正に時を得たり。云何が一切衆生を捨てて涅槃に入り、説法せざらんとしたまふや」と。

このように、『賢愚経』においてもやはり、シビ王本生譚は「求法」の例証話である（これがまた、「求法」の説話としてどうかということは第三章で考える）。つまり、仏典において、シビ王本生譚は、常に布施の例証として特化しているわけではないのである。優れた求法の例証話として挙げられている場合があることを知ることができる。

八　『マハーバーラタ』のシビ王説話

さて、これまでに見た仏典、仏教文献におけるシビ王本生譚に対し、ヒンドゥー教世界のシビ王説話がある。その代表的な例は、バラタ族の戦いを描く古代インドの大叙事詩、『マハーバーラタ』（＝*Mahābhārata*）[27]に見られる一挿話である。仏教遺跡にも残るジャータカのシビ王本生譚と、『マハーバーラタ』所収シビ王説話、それぞれの成立年代と両者の前後関係を決定することは不可能である。しかし、『マハーバーラタ』の中に、仏教に取り入れられる以前に伝承されていた寓話・教訓話に近い形を見出せる可能性はある。仮に、『マハーバーラタ』のシビ王説話そのものが現存する仏教のシビ王本生譚に先行するのではないとしても、ヒンドゥー教説話としてのシビ王説話が仏教に取り入れられる以前の姿が『マハーバーラタ』に残っているという推測はできる。そこで、このような仮説に従い、以下に、『マハーバーラタ』のシビ王説話[28]について考察したい。

『マハーバーラタ』の大筋は、バラタ族の二王家、善玉・パーンダヴァ家と悪玉・カウラヴァ家の領土を巡る戦いを語る叙事詩である。そして、そこに、膨大な数の神話や伝説など、さまざまな説話を取り入れ、紀元前四世紀から紀元後四世紀頃にかけて現在の形になっていったと推測されている。『マハーバーラタ』に収められ、仏典にも見られる説話では、一角仙人説話の研究[29]などが進んでいる。

さて、『マハーバーラタ』の中で、シビ王の説話を見出すことのできるのは、第三「森の巻」（＝Vana-parvan）である。このとき、カウラヴァ兄弟の謀によって、パーンダヴァ五兄弟は十二年間森の中に追放されている。あるとき、アルジュナを除く、長兄ユディシュティラ、次兄ビーマらパーンダヴァ兄弟は、ローマシャ仙とともに聖地巡礼の旅に出る。その途上、ローマシャ仙がユディシュティラたちにそれぞれの地にまつわる神話、伝説を語る。そして、ヤムナー川の両側を流れるジャラー川とウパジャラー川にやって来ると、ローマシャ仙は、この地にまつわるシビ王の伝説を語ったのである。この伝説、説話では、シビ王と鷹との間に「王の（rāja-）法（dharma）」、「王の務め」（＝rāja-dharma）、「王のダルマ」を巡る理知的な議論が戦わされる。この点は、仏典のジャータカ、本生譚と大いに異なるところである。この部分を私訳によって示す[30]。まず、鳩をかばうシビ王に、鷹がこのように言う。

王よ、あなたのことを「法（dharma）を心得た者」と、全ての王は呼んでいる。（それなのに）なぜ、あなたは法にもとる行為をなそうとするのか。（3. 131. 1）[31]

鷹は続けて迫る。

王よ、飢えに苦しめられている私のための、定められた食物を、法を（守ろうと）熱望するあまり、渡すまいとするなかれ。（さもなくば、かえって）あなたは法を捨てる者となる（であろう）。（3. 131. 2）

これに対し、シビ王は答える。

このように、恐怖から逃れようとしてここにやってきた鳩に（安全を）与えないとすれば、（それは）大いなる非法（＝adharma）である。鷹よ、お前はどう思うか。（3.131.4）

「非法」（＝adharma）は「法」を否定した形の語であるが、「良くない」というより「悪い」という語感のものである。こうしたシビ王の言い分を鷹は再び論駁してゆく。

> 私が先立てば、法を知る者よ、息子と妻は死ぬであろう。鳩を保護しつつ、あなたは、多くの生命を滅ぼすことになるであろう。（3.131.9）
>
> 法を脅かす法は、それは法でなく、悪法（＝kudharma）である。そうして、（他との）調和を乱さない法が法である。真の勇気を持つ者よ。（3.131.10）
>
> （いくつかの事柄が）対立しているときは、大地の守り手よ、（それらの）軽重を決めて、（他の法を）脅かすことのないと思われる法をこそ踏み行うがよい。（3.131.11）
>
> 法と非法を決定するときに、（対立する事柄の）軽重を見極め、王よ、より良い法を決定せよ。（3.131.12）

以上のようにして論ぜられている「ダルマ」（＝dharma）は、秩序、習慣、規則、義務、徳、教説、正義などと訳され得る、非常に多岐にわたる意味を持つ概念である。ヒンドゥー教社会において、従うべき道徳規範であり、守るべき正義である。これが漢訳仏典に入って、「法」と訳され、仏の教えをも意味する。さて、『マハーバーラタ』シビ王説話において王族、クシャトリヤたるシビの守るべき法とは何であったのか。そのことを『マヌ法典』によって確認したい。

九　『マヌ法典』に見る王の法・王の務め

『マヌ法典』とは、インドの法典（＝dharma-śāstra）の代表的存在であり、ヒンドゥー教社会の構成員である四階級の人々に対して、生き方の規範を定めたものである。四階級とは、第一にブラーフマナ（＝brāhmaṇa、婆羅門）、すなわち司祭者、第二にクシャトリヤ（＝kṣatriya）、すなわち王を筆頭とする戦士、第三に、ヴァイシャ（＝vaiśya）、すなわち庶民、第四にシュードラ（＝śūdra）、すなわち賤民である。『マヌ法典』は人類の始祖であるマヌが説いたという形を取る法典であり、紀元前二世紀から紀元後二世紀の間の成立と考えられている。次に、『マヌ法典』第七章に説かれる王の生き方のうち、本章と関わりのあるものを幾つか、渡瀬信之氏の日本語訳によって挙げたい(32)。

私は以下において王の生き方（ラージャ・ダルマ）と、王はいかに振舞い、彼の由来はどのようであり、どのように最高の成就があるかについて述べるであろう。（七・一）

「私」とは『マヌ法典』を説いたとされるマヌのことである。

規則に従ってヴェーダによる清めを受けたクシャトリヤによって、万物の守護が規定に従ってなされるべし。（七・二）

なぜならば、この世界が王を欠いて、いたるところで恐怖のために混乱に陥ったとき、主はこのいっさいの守護のために王を創造したからである。（七・三）

彼のために、主は、初めに、すべての生き物の守護者であり、正義（ダルマ）であり、〔主自身の〕息子である、

ブラフマンの威力からなる刑罰を創造した。(七・一四)

ここで、「彼」とは王のことである。

順序に従い、それぞれに対して定められた生き方(スヴァダルマ)に専心するすべての身分およびアーシュラマの守護者として王は創造された。(七・三五)

「アーシュラマ」(=āśrama)とは、ブラーフマナに定められた人生の四時期、すなわち、学生期、家長期、林住期、遍歴期である。

私は以下において、人民を守護するこの者が彼の臣下とともになすべき事柄を正確に正しい順序で説明するであろう。(七・三六)

このように自らの責務のいっさいを処理し、精神を集中し、注意深く人民を立派に守護すべし。(七・一四二)

盗賊どもによって、泣き叫ぶ人民がその領国から略奪されるのを家臣ともども傍観する王は、生きていても死んでいるのと同じである。(七・一四三)

人民の守護はクシャトリヤにとっての最高の生き方(ダルマ)である。というのも、〔それを遂行するとき〕王は上述の利益を享受し、〔人民が蓄積する〕功徳(ダルマ)と結ばれるからである。(七・一四四)

このように、ヒンドゥー教社会にあって、クシャトリヤもしくはその首領としての王の最高の法、務めは、「全ての生類、人民の守護者たること」であった。この法に従い、務めに忠実であろうとするかぎり、シビ王は救いを求めて己の許にやって来た鳩を見殺しにすることはできない。振りかえれば、『マハーバーラタ』の中で、シビ王説話は登場人物たちにとって既に古伝説と化しているようであった。しかし、その説話がもともと何であったか、今、想定してみれば、それは、全ての生き物を守護する、そして、庇護を求めてきたものを見捨てないという、クシャトリヤとしての法、務め（＝kṣatra-dharma）、ないし王としての法、務め（＝rāja-dharma）を教える説話であったものではなかろうか。すなわちそれは、「布施」の行為と特別関わりがない話であったのである。

おわりに

以上、本章においては、『マハーバーラタ』シビ王説話、あるいは、その元の姿が、ヒンドゥー教徒のクシャトリヤ、王の法、務めを主題とする説話であった可能性を考えた。こうした教訓性を帯びた説話が仏教徒によって取り入れられ、さらには「現在物語」「過去物語」「連結」という構成要素を備えた本生譚となり、仏の前生としての菩薩行の物語としてのシビ王本生譚となったのではないだろうか。そして、「求法」、仏の教えを求めること、さらには布施（波羅蜜）の典型的な例証になっていったというのが、『三宝絵』にまで連なるシビ王本生譚（「鷹と鴿型」）の展開のおおよその道筋だったのではなかろうか。繰り返すならば、『マハーバーラタ』と、仏典類や仏教遺跡に見る造形美術相互の前後関係を決定する力は筆者にはない。しかし、それらの中に描かれる説話のいずれがより古い形を残しているかという視点によって、こうした推論を行ったのである。

注

（1）干潟龍祥『本生經類の思想史的研究』「附篇　本生經類照合全表」（東洋文庫、一九五四年）一一二頁、赤沼智善『印度仏教固有名詞辞典』（法蔵館、一九六七年復刊）六二六頁参照。

（2）岩本裕『インドの説話』「序章　インドの説話文学」二三頁（精選復刻紀伊国屋新書、一九九四年、初版・一九六三年）。ほぼ同じ説明が、岩本裕『佛教説話の源流と展開』（『佛教説話研究』第二巻、法蔵館、開明書院）「佛教説話の源流」「第二章　インドの佛教と文学」にも収められた（開明書院、一九七八年、三九～四一頁）。

（3）杉本卓洲『菩薩――ジャータカからの探求――』（平楽寺書店、一九九三年）「第二章　ジャータカと菩薩理念の融合」四八～一二四頁。とくに九八頁。

（4）『ジャータカ概観』「1　序」（鈴木学術財団、一九六一年）。

（5）これについては、原実『古典インドの苦行』（春秋社、一九七九年）全編が古典的研究として現在も教えられるところ大である。

（6）『太子須大拏経』（聖堅・西秦太初元～義熙四年〈三八八～四〇八〉訳）、『六度集経』巻第二「布施度無極章」「須大拏経」など。干潟龍祥『本生經類の思想史的研究』「附篇　本生經類照合全表」参照。パーリ語の『ジャータカ』では最終話、第五四七の長大な「ヴェッサンタラ・ジャータカ」（＝Vessantara-jātaka）がこれに相当する話である。Margaret Cone and Richard F. Gombrich, *The Perfect Generosity of Prince Vessantara*, Oxford, 1977, Introduction, pp. 15-47.

（7）『大唐西域記』（玄奘・唐貞観二十年〈六四六〉訳）巻第七「婆羅痆斯《ばらなし》国」。伊藤千賀子「『兎王本生』の諸相とその原形」（『文芸と批評』第六巻三号、一九八六年）参照。

（8）『大般涅槃経』（曇無讖・北涼玄始三～十年〈四一六～四二三〉訳）など。

（9）『撰集百縁経』巻第四「出生菩薩品第四」（支謙・呉黄武二～健興二年〈二二三～二五三〉訳）など。

（10）『撰集百縁経』巻第四「出生菩薩品第四」など。

（11）引用は出雲路修『三宝絵』（東洋文庫、平凡社、一九九〇年）により、部分的に改める場合もある。

（12）出雲路修『三宝絵』「解説」二六〇～二六四頁。

（13）ただし、これが『大智度論』『六度集経』の説話・記述を直接に見てなされたものであるのか、何らかの仲介となる資料を通じて間接的になされたものであるのかは、判断できない。出雲路修『三宝絵』「注」はこれを直接的な依拠と見ているようだ（一八四頁）。国文学の説話研究ではこの二通りのあり方を意識的に区別する傾向が強く、「出典」「典拠」「原拠」、あるいは「原典」などという語の中から、二つを選んで対比的に用い両者を指し分けることが多い。『三宝絵』の本生譚と、その本生譚の末尾に断り書きのある仏典、仏教文献との関係も直接的なものではなく、何らかの仲介文献を介しての間接的なものである可能性はあるが、そうした資料が発見されているわけではない。また、本書は説話とその直接的な素材との関わりを論じているわけではない（論ずることができない）ので、説話と仏典・仏教文献との関係をゆるやかに想定して捉えてきている。

（14）前者は道宣『広弘明集』巻第二三所収の僧肇「鳩摩羅什法師誄」によるものであり、後者は塚本善隆氏の説（「仏教史上における肇論の意義」〈同氏編『肇論研究』、法蔵館、一九五五年〉。ともに通説となっている観がある。

（15）大正九年、宇井伯寿氏による推定（『国訳大蔵経』論部第五巻「三論解題」、一九七四年）。以降広く受け入れられている。

（16）龍樹の著作に鳩摩羅什が筆を加えたものであるとする説（一九五八年、干潟龍祥氏）、龍樹以後の第二の龍樹によるものであるとする説（一九七〇年、エチエンヌ・ラモット氏）ののち鳩摩羅什説（一九九六年、加藤純章氏）も出された。やはり龍樹であるとする説（一九九三年、印順氏）もある。関係の論文は多数あるが、最近の論考によっても概観できる（加藤純章氏「羅什と『大智度論』」〈『印度哲学仏教学』第一一号、一九九六年〉など）。

（17）『大正新脩大蔵経』第二五巻、八七頁下〜八八頁下。

（18）『大智度論』巻第一一では、布施波羅蜜の例証を挙げる中に、仏法を説く偈を聞くために自らの肉体をもって仏法を知る者を供養するという話がある。このように、求法のために身を捧げる行為は、布施の行為に含められることがある。

（19）干潟龍祥『本生經類の思想史的研究』（東洋文庫、一九五四年）「第四章　本生經類集成本の研究」一〇五頁、同『ジャータカ概観』（鈴木学術財団、一九六一年）「Ⅳ　ジャータカを含む仏典の分類」四五頁。

(20)『大正新脩大蔵経』第三巻、一頁中〜下。
(21) 一九二六年にハインリヒ・リューダース（=Heinrich Lüders）がサンスクリット原典とするものを公刊した。そこに、散文の作者の名がアーリヤクマーララータ（=Āryakumāralāta）と記されてあったため、作者がアシュヴァゴーシャであるのか、アーリヤクマーララータであるのかについて、論争を引き起こした。『国訳一切経』印度撰述部・本縁部八、美濃晃順「大荘厳〔経〕論解題」（一九三〇年）に挙げられた文献、また、山田龍城「梵語仏典の文献学序説」（『東北大学文学部研究年報』第八号、一九五七年）等を参照。
(22)『大正新脩大蔵経』第四巻、三二一頁上〜三二三頁下。
(23) John Brough, "The Chinese pseudo-translation of Ārya-śūra's Jātakamālā", *Asia Major*, New Series, 6, 1, 1964.
(24)『出三蔵記集』巻第九「賢愚経記」（『大正新脩大蔵経』第五五巻、六七頁下〜六八頁上）。
(25) 高橋盛孝「賢愚経とザン・ルン」（『東方学』第二六輯、一九六三年）、玉木弁立「漢訳『賢愚経』と『mdsaṅs-blun』」（『大正大学大学院研究論集』第四号、一九八〇年）参照。
(26)『大正新脩大蔵経』第四巻、三五一頁下〜三五二頁中。
(27) バラタ族という王族の二つの家の間で戦われた領土を巡る大戦争を語る叙事詩。紀元前四世紀頃から紀元後四世紀頃にかけて成長していったとされる。十万詩節からなるという巨大なもので、複雑な何重もの「枠物語」の形を取り、そこにあらゆる神話、伝説、物語が嵌めこまれている。また膨大な教訓的記述、聖典的箇所を含み持ち、聖典として編まれたものではないが、事実上ヒンドゥー教の聖典としての存在となっている。したがって、そこにヒンドゥー教の種々の教えと、それを反映・表現した数多くの説話とを見出すことができる。
Moriz Winternitz, *Geschichte der indischen Litteratur*, bd.1, Leipzig, 1908, pp. 389-403. また、John Brockington, *The Sanskrit Epics*, Leiden, 1998; J. W. de Jong, "The Study of the Mahābhārata, A brief survey (Part 1)"（『法華文化研究』一〇号、一九八四年）等参照。ヴィンテルニッツ（Winternitz）の著作には日本語訳もある。中野義照訳『叙事詩とプラーナ』（『インド文

献史』第二巻、日本インド学会、一九六五年)。

ヴィンテルニッツがその著作にまとめたことは現在の『マハーバーラタ』研究にもほぼ踏襲されているようである。そこで、本書と関わる事柄を摘記しておく――

(一)『マハーバーラタは』紀元前四世紀から紀元後四世紀のあいだに少しずつ現存の形へと変わっていった。

(二)紀元後四世紀にはおおよそ現在の分量と内容と性格を持っていた。

(三)『マハーバーラタ』の中に収められた神話、伝説等は、ヴェーダの時代まで遡るものである。

(四)『マハーバーラタ』の中に収められた道徳的説話や箴言は、行者の詩作であり、紀元後六世紀から、仏教徒やジャイナ教徒もそれらから素材を取るようになった。

(28)『マハーバーラタ』はクシャトリヤの戦いを一貫した大筋として持つ作品であるから、クシャトリヤ、王の取るべき行動につき、全編に言及がある。これについては、山崎元一『古代インドの王権と宗教』(刀水書房、一九九四年)「前篇　王権の諸問題」「第四章　『マハーバーラタ』の王権論」一三一~一六〇頁参照。山崎氏によれば、『マハーバーラタ』第一二「静寂の巻」の「第一章　王法の章」「第二章　窮迫時法の章」において、人民の保護は王にとって最高の義務(para-dharma)、永遠の義務(sanātana-dharma)等とあり(12. 57. 42; 12. 72. 26-27; 12. 120. 3)、縷々説かれる王法は、ヒンドゥー法典類、仏典、『実利論』の王権論と共通するという。山崎氏が挙げた『マハーバーラタ』に見る多くの関係の記述を幾つか挙げておく(山崎氏訳による)。

人民を完全に保護する王は(中略)義務を達成したことになり、最高の王と呼ばれる。(12. 60. 20)

恐怖を抱いた王が、人民の保護を一日怠るという悪を犯すならば、その罪により千年のあいだ地獄の苦しみを受ける。王が人民を一日正しく保護するという功徳を為すならば、その果報により一万年間にわたり天国の生活を享受できる。(12. 72. 28-30)

保護を与える約束をしておきながら、それを果たさぬ悪意ある王は、全人民の罪を負い、結局は地獄に堕ちる。(12.

137. 97)
なお、原実「kṣatra-dharma（上）――古代インドの武士道――」（『東洋学報』第五一巻、一九六八年）も参照。

（29）平等通照『印度仏教文学の研究』第二巻（印度学研究所、一九七三年）第二篇「第五章　一角仙説話の研究」、岩本裕『佛教説話の源流と展開』（『佛教説話研究』第二巻、開明書院、一九七八年）等参照。平等氏は、『マハーバーラタ』から仏典に流れ込んだと述べている。なお、国文学者による研究もある（前田雅之「一角仙人物語の構造と展開㈠――『マハーバーラタ』所収話の構造――」〈『文芸と批評』第五巻六号、一九八一年〉）等。

（30）*Mahābhārata*, 3. 130. 17-3. 131. 32 (Poona Critical Edition). 上村勝彦訳『マハーバーラタ』第三巻（ちくま学芸文庫、筑摩書房、二〇〇二年）。

（31）第三巻第一三一章第一偈の意。

（32）渡瀬信之訳『マヌ法典』（中公文庫、中央公論社、一九九一年）。

第三章　シビ王本生譚の主題とその達成

はじめに

布施の完成を讃えるとしばしば言われるシビ王本生譚(1)は、果してその主題を達成しているのだろうか。シビ王本生譚には主に二つの話型（＝type、タイプ）があり、本書ではそれぞれを「鷹と鴿型」、「盲目の婆羅門型」と名付けている。「盲目の婆羅門型」は、布施に励むシビ王が盲目のブラーフマナ（＝brāhmaṇa、婆羅門）に乞われて自らの両眼を与えるという話であり、常に布施の話として筋が通っている。一方、派生的な話型として、シビ王が法を説く偈を聞くために羅刹に身を与える、「雪山童子型」、あるいは「施身聞偈型」とも呼ぶべき話型の例もわずかながら存在する。(2)これらのうち、本書で取り上げているのは「鷹と鴿《はと》型」のシビ王本生譚である。この話型のシビ王本生譚は、おおよそ次のようなストーリーを持つ――仏は過去の世にシビ王であった。衆生に慈悲深い、あるいは布施を行うシビ王の許に、鷹に姿を変えた帝釈天が、鴿に姿を変えた毘首羯磨《びしゅかつま》天ともどもやって来て王に試練を課す。鴿はシビ王の懐に逃げ込み、鷹が「私の食すべき鴿を返せ」と王に迫ると、シビ王は鴿の代わりに自らの腿の肉を切り取って鷹に与えるのである。それでも足りないため肘や背中の肉を削ぎ足し、ついに全身の肉を切り取ったシビ王は、「私の心に悔いはない。私の願いは仏となることだ」という「真実」を誓う。あるいは、帝釈天がシビ王に神薬を与える。それによって、王の肉体は直ちに回復した。

本書「第二章　シビ王本生譚の原型と展開」において、この話型を取るシビ王本生譚のヴァージョンを見てゆき、仏典の中に「布施」でなく「求法」を主題とするものがあることと、さらにヒンドゥー教の叙事詩『マハーバーラタ』に人民・生物を守護する「王の法」「王の務め」（＝rāja-dharma、ラージャ・ダルマ）を主題とするシビ王説話があることを知った。これに続く本章は、ある説話が特定の主題を担うと考えられていることと、実際説話がその主題にふさわしい内容を持っていることとは別の問題ではないか、という疑問に始まる。以下述べるように、救いを求める生類を見殺しにしてはならないという「王の務め」を教えるシビ王の説話が仏典に入ったとき、一切衆生に慈悲を及ぼし救う仏の偉大さを説くシビ王本生譚となった。したがって、ある意味においてもともとの精神は受け継がれたと言うことができる。しかし、「ダルマ」（＝dharma、法）の語や身肉を与えるというモチーフが着目されたため、この本生譚に表立って説くべき徳目として与えられたものは「求法」や「布施」になった。その結果、この課題に応じるためシビ王本生譚に何が起こったか、ということを本章では考えたい。

以下、『マハーバーラタ』に収められたシビ王説話を確認したのち、漢訳仏典の『大荘厳論経』『菩薩本生鬘論』『賢愚経』『大智度論』『六度集経』のシビ王本生譚を取り上げることにする。これらがシビ王を主人公とする「鷹と鴿型」の説話として代表的なものである。[3] そしてこれらを論じてゆくに際し、①現在物語、②過去物語、③連結、または、①序、②過去物語、③結という三部構成で把握する。[4] そのときに、①（現在物語あるいは序）、③（連結あるいは結）において、ある主題が提示されていても、②（過去物語）においてそれとはそぐわないストーリーが展開されているなどのことがある。その場合、説話は特定の主題の達成を目指しつつ、それに成功してはいない。本章では、シビ王本生譚がその主題を達成し得ているか否かを話型、モチーフのみならず文章、表現のレベルでも見てゆく。

一　王の務めを説くシビ王説話

一・一　『マハーバーラタ』シビ王説話

『マハーバーラタ』（＝*Mahābhārata*）は、パーンダヴァとカウラヴァ二王家の確執と戦いを描く物語をその大筋とする。紀元前四世紀から紀元後四世紀にかけて成長していったとされる[5]ものであり、その間に、登場人物たちによって語られる膨大な中小の物語を含み持つことになった（本書・第二章参照）。第三巻、「森の巻」（＝Vana-parvan、ヴァナ・パルヴァン）では、聖地を巡るパーンダヴァに随行するローマシャ仙が、彼らのためにそれぞれの聖地にまつわる伝説を語る。シビ王説話はそのようにして語られる伝説の一つである[6]。

鷹に化したインドラ神と鳩に化したアグニ神、「願いをかなえる」（＝varada）神々が、ウシーナラ（＝シビ国の王→シビ王）を試そうとやってくる。ここで、「（王の）法」「（王の）務め」（＝rāja-dharma）についてインドラとシビ王との間に議論が交わされる。鳩の代わりについには全身の肉を与えようとするシビ王を見たインドラは満足し、「我らは法（＝dharma）についてそなたを試すために来たのだ。そなたの名声は永遠に残るであろう」と言って帰ってゆく。

ここにおいてのシビ王の言動、そしてシビ王とインドラ神とが交わす議論は、『マヌ法典』（＝*Manusmṛti*）第七章に記される、生類・人民を守るべき王の法、王の務め（＝rāja-dharma）についての記述と一致する。本書・第二章において具体的に述べたことであるのでここでは繰り返さない。

　このシビ王説話のストーリーは、願いをかなえる神たるインドラ（とアグニ）が王の務めについてシビ王に試験・試練を課し、それに耐え得たシビ王が恩恵として名声を与えられるというものであり、王の務めに徹する王には神の恩恵・恩寵のあることを言おうとしていると考えられる。また、後出の『大荘厳論経』のシビ王本生譚において、シビ王は助けを求めてきた鴿に向かい、「必ずお前を救ってやろう。お前だけを救うのではなく全ての生物を守るのだ。…人々が私に六分の一の税を納めているのならば（必当救於汝　豈独救護汝　并護諸衆生　我為一切故　而作役力者　如受国人雇　六分輸我一）」と言う。ここには王の務めを説く説話としての痕跡が見えると思われる。

二　求法を説くシビ王本生譚

二・一　『大荘厳論経』巻第十二・シビ王本生譚

　『大荘厳論経』はアシュヴァゴーシャ（＝Aśvaghoṣa、馬鳴、二世紀）の作、後秦・鳩摩羅什の訳（建元一九～弘始三年、三八四～四〇一）と伝えられる（『大荘厳論経』の成立等、書誌的事項については本書・第二章参照）。この仏典では全九〇の説話それぞれの冒頭にその説話にふさわしい仏教的訓戒が一つずつ付けられている。訓戒のために説話を集めたというより、集められた説話に即した訓戒が与えられているという観があることは既に述べた（本書・第二章参照）。ここ

で第六四話・シビ王本生譚は次のように語られる。(7)

①序＝　仏法は聞きがたい。仏は昔、菩薩であったとき、身命を惜しまずに法を求められた。したがって心して法を聞くべし。

②過去物語＝　ある外道が帝釈天に向かって自ら仏と称し、「阿耨多羅《あのくたら》三藐三《さんみゃくさん》菩提《ぼだい》はない」と説く。憂える帝釈天に毘首羯磨天（＝Viśvakarman）が「拘尸《くし》国（＝Kuśinagarī?-）の尸毘王が菩提を求めており、まもなく仏となるであろう。彼に親近《しんごん》せよ」と教える。帝釈天は「発心する者は多くとも、成就する者は少ないのであるから」と菩薩たる尸毘王を試すことにする。その結果、尸毘王は身を切りきざみ、帝釈天と問答を交わすことになる。（尸毘王が言う。）「私は久しく衆生を慈しんできたのであり、全ての者を救わなければならないのだ」云々。尸毘王は最後に「私の心に悔いがないならば、また、身肉を割いたとき怒りも憂いもなかったということが真実であるなら、この身は元に戻れ。速やかに悟りをなしとげ、衆生の苦を救おう」と「真実」を誓い、彼の肉体は回復する。

③結＝（無し）

ここで、①序「仏法は聞きがたい。仏は昔、菩薩であったとき、身命を惜しまずに法を求められた。したがって心して法を聞くべし（復次仏法難聞。如来往昔為菩薩時。不惜身命以求於法。是故応当勤心聴法）」によって、シビ王本生譚は究極まで法を求めること、法を「聞く」ことを勧める話として提示されている。しかし、その「法」、あるいは「求法」「聞法」が実のところ、②過去物語のストーリーとどのような関係にあるのか、それがわかりにくい。②過去物語においては、シビ王が自分の肉を切り取りはじめる前の台詞に「今、法のためにこの賤しく穢れた肉を捨てよう

（今応為法故　捨此賤穢肉）」とあり、真実の誓いに先立つ台詞に「この危うく脆い身を堅牢な法に代えよう（以此危脆身博貿堅牢法）」とあるが、ここで言う「法」は①序の「法」とは異なるものを指している。なぜなら、②過去物語の全体として、シビ王はもっぱら衆生に慈悲をかけ、悟りを求める人物として語られている（「有実慈悲心」「我久得慈於衆生所尽応救護」「尽生慈愍心」「応起意於苦悩衆倍生慈悲」「我愍如是等」「応当堅慈心」「純善懐悲愍」「大王於一切衆生体性悲愍等」）からである。どのようにしてそれが法を「聞く」ことを求める人物と読めるのであろうか。すなわち、①序では「法」の語は「仏の教え」の意であり、①序によって誘導された②過去物語では「法」の語は「悟り」「菩提」の語、「求法」の語は「求道」「求菩提」の語と差し換えられていると考えるしかないのではないか。

二・二　『菩薩本生鬘論』シビ王本生譚

『菩薩本生鬘論』はアーリヤシューラ（＝Āryaśūra、二世紀）の『ジャータカマーラー』（＝*Jātakamālā*）が、宋の時代に漢訳された（建隆元〜建炎元年、九六〇〜一一二七）と伝えられてきた。しかし近年の研究によれば、実はサンスクリット原典からの翻訳でなく、前後半それぞれの方法で偽り作文された似非漢訳仏典であるという（本書・第二章参照）。そこに収められたシビ王本生譚も『賢愚経』から取られ、部分的に変えられたのであるという（『ジャータカマーラー』に入っているシビ王本生譚は「盲目の婆羅門型」であるのでここでは取り上げない）。『賢愚経』やその他の仏典と同等に扱われるべきものではないだろうが、『賢愚経』に先立って一応確認しておく。

すると、この『菩薩本生鬘論』一書全体の冒頭には「稽首一切智妙湛円融徳」云々と仏を賞賛する言葉を綴った序文があり、巻第一「尸毘王救鴿命縁起第一」(8)の非常に短い①現在物語が続く。

①現在物語＝　仏が諸々の比丘に告げるには――。

そして、第一話の「捨身飼虎」の本生譚ののち、シビ王本生譚は次のように語られる。

②過去物語＝　仏は過去の世に尸毘王であったとき慈悲深く、人々を慈しんだ。帝釈天が三十三天での命が尽きようとし、仏法が滅して菩薩も出現せず帰依する者のないことを憂う。そこで、毘首天子（＝毘首羯磨天）が仏道を求める尸毘王の存在を教え、彼に帰依せよと言う。帝釈天は尸毘王が真に菩薩であるか否かを試そうとする。帝釈天は尸毘王に迫り、肉体を損なった尸毘王は「真実」の誓いを行うに至る。（帝釈天が言う。）「あなたの苦行は天輪聖王、帝釈天、梵天の位を願ってのことか」。（尸毘王が言う。）「私の願いは仏道を求めることだ」。（帝釈天が言う。）「この苦痛のために後悔はないのか」。（尸毘王が言う。）「後悔の念は毛ほどもない。私の求める成仏が真実であるならば、私の肢体は回復せよ」。…

③連結＝　仏が語りおえると、人々は口々に言った。「仏が昔、衆生済度の行いに身命を惜しまれなかったのは、大いなる法を求められんがためであった。今、法の海は満ち、法の旗は立っています。なぜ時を得たこのとき、一切の衆生を捨て涅槃に入り、法を説くことをおやめになろうというのですか」。ここで、梵天は仏が法を求めるために千の頭を捨ててきたことを讃えた。…

この『菩薩本生鬘論』においても、慈悲の念を持ち仏道を求める菩薩・シビ王の物語（「王蘊慈行仁恕和平。愛念庶民猶如赤子」等）が、③連結によって「求法」のテーマに結びつけられている。③連結では「法」の語が八度用いられているが、これらのうち二つは「仏の教え」の意味であり、六つは「悟り」の意味に使われていると見るしかない。それでも、この例では問題点が曖昧となっているが、つづいて『菩薩本生鬘論』のシビ王本生譚の種本となったという『賢愚経』のシビ王本生譚を見ることにより、「求法」の説話としてのシビ王本生譚がその内部において整合していないことがわかってくる。

二・三　『賢愚経』「梵天請法六事品」シビ王本生譚

『賢愚経』巻第一「梵天請法六事品」の冒頭には全六話の本生譚に共通する現在物語が次のように置かれている（『賢愚経』の成立等については本書・第二章参照）。

①現在物語＝　衆生が度しがたいのに絶望して般涅槃しようとする仏に、梵天が語る。仏が無数劫の過去から身を捨て妻子を犠牲にして「法」を、また「一偈」を求めてきた話を語る。

このあとシビ王本生譚に先立って語られる五つの過去物語は、全て「雪山童子型」、「施身聞偈型」の説話である。仏は過去の世において大国王として、あるいは仙人として（第五話のみ）世に法を求める。そして、法を知るという婆羅門の要求により、体の諸所をえぐってそこに千の灯火をともす（第一話）等の極端な肉体の犠牲を払ってのち、法を説く偈を聞くことを得る。そこで婆羅門が教えた偈の説くところは、諸行の無常であることと、菩薩行が慈悲の念によって衆生を救い十戒を持つものであることである（十戒とは、不殺生、不偸盗、不邪淫、不両舌、不悪口、不妄語、不綺語を持ち、貪欲、瞋恚、愚癡の三毒を離れること）。

それらの偈はすなわち、「一切行無常　生者皆有苦　五陰空無相　無有我我所」（第一話）、「常者皆尽　高者必堕　合会有離　生者皆死」（第二話）、「一切皆無常　生者皆有苦　諸法空無生　実非我所有」（第三話）、「常行於慈心　除去恚害想　大悲愍衆生　矜傷為雨涙　修行大喜心　同己所得法　救護以道意　乃応菩薩行」（第四話）、「常当摂身行　而

不殺盗淫　不両舌悪口　妄言及綺語　心不貪諸欲　無瞋恚毒想　捨離諸邪見　是為菩薩行」（第五話）というものであった。これら文字通り「聞法」としての「求法」の物語ののち、先ほどの現在物語に支配されて第六のシビ王本生譚は語られる。(9)

②過去物語＝　仏は過去の世に尸毘王であったとき、一切に慈悲を及ぼしていた。帝釈天が命終わろうとして憂い楽しまず、毘首羯磨天に「仏法は既に滅し菩薩もいない。私は何に帰依すれば良いかを知らない」と言う。毘首羯磨天は「閻浮提の尸毘王が菩薩道を行じている。必ず仏道を成ずるであろうから、彼に帰依せよ」と教え、帝釈天は尸毘王が真の菩薩であるか否かを試そうと決める。…（帝釈天が尸毘王に言う。）「このような難行をなして何を求めているのか。天輪聖王か、帝釈天か。魔王か」。（尸毘王が言う。）「私の望むところは仏道を求めることだ」。（帝釈天が言う。）「これほどに身を損なって悔いはないのか」。（尸毘王が言う。）「初めよりこのかた、悔いは毛ほどもない。私の願い（↓仏道）は必ず果されるであろう。私のこの言葉が真実ならば、私の身体は直ちに回復せよ」。…

③連結＝　梵天が言葉を結ぶ。「今、法の海は満ち、法の旗は立っています。なぜ時を得たこのとき、一切の衆生を捨て涅槃に入り、法を説くことをおやめになろうというのですか」。…

こうしてみると、『賢愚経』「梵天請法六事品」の中で、明らかにシビ王本生譚のみが「求法」「聞法」の説話としては異質である。シビ王が全身を秤に掛けたとき、身体を傷つけ心に「大法」を期しているその姿を色界の神々が見た（「見於菩薩行於難行。傷壊軀体。心期大法。不顧身命」）とあるが、その「大法」は何か特定の教えや偈を指しているわけではない。肉体の犠牲によって「法」、偈という具体的な形を取った「法」（仏の教え）を「聞く」他の五話、「雪山童子型」本生譚と異なり、シビ王本生譚ではシビ王はこうした特定の偈を聞こうと努める者としてでなく、専ら、一切に慈悲の念を及ぼし、菩薩道を行ずる者として描かれている（「行大慈悲。矜及一切」等）。「求法」は「聞法」を含むもので、より広義で多義的、抽象的であり、「聞法」はより狭義で一義的であって、具体的な行動を説話において表現する傾向があるのであろう。そして、シビ王本生譚は広義の「求法」の説話と見なされていると考えられる。

以上、『大荘厳論経』『賢愚経』（そして『菩薩本生鬘論』）のシビ王本生譚が、①（現在物語あるいは序）、③（連結あるいは結）において提示する主題は「聞法」の意の「求法」、つまびらかに言えば「身命を惜しまず法を求めた（＝聞こうとした）釈迦仏の偉大さ」、または「よって、心して法を求む（＝聞く）べきこと」だと思われる。それに対し、②過去物語においてシビ王は、悟りを目指す者の持つ慈悲の念を一切に及ぼすため、鴿を守ろうとする。物語の発端は、帝釈天が無仏の世に命終わろうとして、あるいは贋の仏に「悟りなどない」と聞かされて、絶望し帰依すべき仏を求めるところにある。帝釈天がシビ王に課す試練の目的も、シビ王が本物の菩薩であるか否か、仏となる存在であるか否かを試すということである。「真実」の誓いによってその真価が証明されることにより、悟りを求めた釈迦仏の偉大さという究極の主題を劇的に説くものとなっている。②過去物語は、このような一切衆生に慈悲を及ぼそうとする菩薩道の物語である。それが、「求法」＝「聞法」の主題を提示する意図を持って①（現在物語あるいは序）、③（連結あるいは結）という枠組みに取り込まれたとき、全体としては奇妙な齟齬が生じて来ることになる。シビ王本生譚は「求法」＝「聞法」の説話たれという期待に応え得てはいない。

シビ王本生譚を「法（＝dharma）を求める」説話とする解釈があったとすれば、それは『マハーバーラタ』に見る、シビ王の説話をダルマ（＝dharma）の話とする伝承と関わりがあるのであろう。『大荘厳論経』『賢愚経』はそういった伝承や解釈に従っているのではないだろうか。

三　布施を説くシビ王本生譚

三・一　『大智度論』シビ王本生譚

『大智度論』巻第四「初品中菩薩釈論」第八では菩薩に関わるさまざまな事柄を解き明かし、六波羅蜜に言及してそれらを具現すべき説話を挙げ連ねている（『大智度論』の成立等については本書・第二章参照。また、第二章で該当箇所とその前後のやや詳しい説明をしている）。布施波羅蜜を表すシビ王本生譚[10]は次のように提示されている。

①序＝　檀波羅蜜（＝dāna-pāramitā、布施波羅蜜）とは一切を施して身を施すときにも惜しみのないことである。

②過去物語＝　仏はもと尸毘王であり、慈悲心をもって母が子を愛するように一切の衆生を見ていた。そのとき世に仏はなかった。釈提桓因《しゃくだいかんいん》（＝帝釈天）が命尽きようとし、「仏はどこにいますのか」と考え憂えた。毘首羯磨天が「六波羅蜜を具足し、まもなく仏となるであろう菩薩がいる」と教えた。そこで帝釈天は毘首羯磨天を語らい、尸毘王に菩薩の相があるか否かを試そうと言う。…鴿のために全身を割いた尸毘王を見て、毘首羯磨天が帝釈天に請う。「あなたの力でこの王の肉体を元に戻して下さい」。帝釈天はそれを拒んで尸毘王に問う。「肉を割かれた痛みであなたの心は苦悩せず、消沈してもいないか」と。尸毘王が答える。「肉を割き血が流れても、私には怒りも苦悩もない。一心に仏道を求めているならば、私の身は元の通りになれ」。…

③結＝　このようなさまを、檀波羅蜜を満たすと言うのだ。

この『大智度論』のシビ王本生譚の主題は「布施波羅蜜」、つまびらかには「身命を惜しまず布施波羅蜜を行い、悟りを求めた釈迦仏の偉大さ」、ひいては「よって、布施に励むべし」ということになるのであろう。しかし注意深く見てみるならば、ここで「布施波羅蜜」の主題を提示する①序、③結の枠内にある②過去物語は、「求法」の説話としてのシビ王本生譚がそのまま嵌めこまれた形となっており、特に新たな工夫があるというものではない[11]。文章、表現それ自体前出の「求法」を説く『大荘厳論経』と『賢愚経』のシビ王本生譚に近似しているという指摘[12]もある。この『大智度論』の②過去物語にシビ王は慈悲心ある菩薩として登場する。彼が鴿を救おうとするのも、単に物理的に食・肉を与え「布施」を貫徹しようとしてのことではなく、慈悲心によってのことと読める（「大精進有慈悲心。視一切衆生如母愛子」「持戒精進大慈大悲禅定智慧不久作仏」「是王大慈仁」「慈悲地中生　一切智樹牙」等）。したがって結局、①序、③結で言われる「布施」とは、鷹と鴿に慈悲を掛け、また、鴿に無畏を与えるという意味でのそれであり、鷹に食を与えるという意味でのきわめて具象的な布施として読まれるべきではないことになる。

三・二　『六度集経』シビ王本生譚

つづいて、『六度集経』巻第一「布施度無極章」のシビ王本生譚[13]を見てみよう（『六度集経』の成立等については本書・第二章参照）。『六度集経』は「六度」、すなわち「六波羅蜜」のそれぞれを主題とする説話を集成することを目指したものと考えられる[14]。シビ王本生譚の場合にはどのようになっているであろうか。全話を統括する現在物語は次のようである。

①現在物語＝　あるとき仏が阿泥察菩薩のために菩薩の六度無極を説いた。まず、布施度無極とは…。修辞的で難解とも言える一種の定義ののち、布施波羅蜜を例証する説話が披露される。まずは、帝釈天が布施に励む菩薩に位を奪われることを怖れ、布施を行う者は「太山地獄」に堕ちると偽りを言う第一話があり、そのあとにシビ王本生譚は続く。

②過去物語＝　昔、菩薩は薩波達《さつばだつ》（＝Sarvadatta→シビ王）となって布施に励んだ。その慈悲心は十方を覆った。天龍八部衆が異口同音に「帝釈天の位は、戒行具足の慈悲心豊かな人間が輪廻転生の果てに就くものだ」と言うのを聞いた帝釈天は、帝位を奪われることを恐れる。そこで、尸毘王を試そうとして辺王（→毘首羯磨天）を語らって言う。「あの王は私の帝位を狙っているのではないか。…全身の肉が切り尽くされたなら、必ずや彼に後悔の念があろう。そうすれば（帝釈天の位に就こうとの）志は果さないであろう」。…（尸毘王が帝釈天に言う。）「私は帝釈天や飛行皇帝（＝転輪聖王）の位を志しているのではない。仏となって衆生を救い、悟りを得させたいばかりだ」。（帝釈天が言う。）「あなたが私の位を狙っていると思ったので、あなたを苦しめたのだ」。（尸毘王が言う。）「私の身体を元のようにして下さい。これまで以上の布施を行ずることができるように」。そこで、帝釈天が「天医の神薬」を尸毘王の身体に塗ると、尸毘王の傷は癒えた。そして、これまで以上の肉体となってますます布施に励んだ。

③結＝　菩薩の布施を行ずるさまはかくのごとくであった。

先ほどの『大智度論』の場合に比して、この『六度集経』のシビ王本生譚では、①現在物語、②過去物語、③結の流れがより滑らかなものとなっている。それは一つには、②過去物語の中であわせて三度、シビ王が「布施」に励む者であることを述べているからである。すなわち、最初の部分で「昔者菩薩為大国王。号薩波達。布施衆生恣其所索」、最後に「王曰。使吾身瘡愈復如旧。令吾志尚布施済衆行高踰今」、また「自是之後。布施踰前」とある。このいわば内側の枠組みの中で、慈悲心十方を覆うシビ王が鴿の命を救おうとする（「愍済厄難常有悲愴」「王慈恵徳被十方」「戒具行高慈恵福隆」「彼人王慈潤滂霈福徳巍巍」「彼王仁恵必受爾帰」「若王慈恵必済衆生者」「王以慈忍心願鴿活」「王懐守道不移慈恵難斉」等）と読めるストーリーが展開されている。それが、①現在物語、③結という外側の枠組みと、②現在物語の中の、いわば内側の枠組みのうちにあって、「布施波羅蜜」の話としてより違和感なく読めるものになっている。「慈悲心」がいっそう「布施」の中へと取り込まれた形になっていると言える。

なお、『六度集経』は、これまでに挙げた他の仏典に比しても古い成立のものであるが、そこに収められたシビ王本生譚は、ほかの仏典のシビ王本生譚に対して特異な存在となっている。たとえば、『六度集経』では主人公の名を「薩波達」としている他、ストーリー展開そのものが他の場合と異なっている。他の仏教文献と異なっていて重要であるのは、帝釈天が保身のためシビ王の行為を阻止しようとする者になっている[15]ことと、シビ王の肉体が復活するのが「天医の神薬」によってであり、シビ王が仏となる存在であることを劇的に示す「真実の誓い」のモチーフが欠落していることである。このことからすれば、『六度集経』のシビ王本生譚では主題のレベルが菩薩道の一徳目の「布施波羅蜜」として、いわば引き下げられているのみならず、ストーリーもまた小さくまとめられた感じがある。

おわりに

このように見てくると、仏典の中の「鷹と鴿型」シビ王本生譚は、その本性として、一切衆生に慈悲を及ぼし救う仏の偉大さを言おうとするものである。これを「聞法」という意味での「求法」の主題に従わせようとすると大いに不具合があり、「布施」の主題に従わせようとするにもおそらく最高の素材ではない。「求法」の説話としてのシビ王本生譚は、実際には仏の慈悲の偉大さを説くものであり、「求法」の枠組みの中でひずみを生じていた（『大荘厳論経』『賢愚経』の場合）。「布施」の説話としてのシビ王本生譚もまた、むしろ「布施」の枠組みによってそのように読めるということがあった（『大智度論』『六度集経』の場合）。あるいは、仏の慈悲の偉大さを説く意図は、菩薩道の一手段としての「布施波羅蜜」の主題に巻き取られる結果となった（『六度集経』の場合）。「求法」＝「聞法」の主題を最も具象的に示すのはやはり「雪山童子型」、「施身聞偈型」の説話である。また、「布施」の主題を最も直截に、具象的に提示するのは兎本生譚や須大拏《すだいな》太子本生譚（→Vessantara-jātaka）等であろう。仏典の世界において、「鷹と鴿型」のシビ王本生譚は、「求法」あるいは「布施」という新たな主題を与えられ、それらを新たな形で存分に達成し表現するまでの展開を遂げることはなかった。

そのかわり、「求法」の主題を期待されてはその期待に応えるべく「施身聞偈」の話型を取り込み、また、「布施」の主題をよりわかりやすく提示しようとしては「盲目の婆羅門型」の説話を生み出してゆく、その契機が「鷹と鴿型」シビ王本生譚の中に生じたのであろう。

注

（1）　関連の先行論文は、町田順文「シビジャータカについて」（『印度学仏教学研究』第二八巻二号、一九八〇年）、松本純子

「シビ王伝説――仏典における捨身物語の諸相――」（『善通寺教学振興会紀要』第八号、二〇〇二年）、松村恒「シビ本生話と捨身供養」（『印度学仏教学研究』第五二巻二号、二〇〇四年）など。また、Marion Meisig, *König Śibi und die Taube, Wandlung und Wanderung eines Erzählstoffes von Indien nach China*, Wiesbaden, 1995.

（2）「盲目の婆羅門型」シビ王本生譚は、パーリ語『ジャータカ』（＝*Jātaka*）第四九九話「シヴィ本生譚」（＝Sivi-jātaka）、『ジャータカマーラー』（＝*Jātakamālā*）第二話「シビ本生譚」（＝Śibi-jātaka）、『アヴァダーナシャタカ』（＝*Avadānaśataka*）第三四話「シビ」（＝Śibi）、『撰集百縁経』巻第四「出生菩薩品」第四「尸毘王剜眼施鷲縁」など。「施身聞偈型」シビ王本生譚は『ボーディサットヴァ・アヴァダーナ・カルパラター』（＝*Bodhisattvāvadānakalpalatā*）、『カルマシャタカ』（＝*Karmaśataka*）に存在する。これらは「施身聞偈」の説話とシビ王説話が結び付けられたものとされる（松本純子「シビ王伝説」、注（1）参照）。

（3）シビ王説話の所在は干潟龍祥『本生經類の思想史的研究』「附篇　本生經類照合全表」（東洋文庫、一九五四年）一一二頁の他、注（1）に挙げた緒論等に集成されている。それらの説話の中でも、非常に凝縮された表現によるもの、たとえば『僧伽羅刹所集経』巻上において菩薩道を説きつつ簡潔に説話を挙げ連ねる中で、「一切恵施如湿鞞国王」（『大正新脩大蔵経』第四巻、一二二頁上）とあるようなものは本書の趣旨とあわないため用いない。

（4）ジャータカの三部構成は「現在物語」「過去物語」「連結」などと呼ばれる。しかし、整然とした構成のパーリ語『ジャータカ』と比べると、漢訳仏典では「現在物語」はむしろ「序」、「連結」はむしろ「結」とでも呼んだ方が良いことも多い（本書・第二章参照）。

（5）複雑な何重もの「枠物語」の形を取り、そこにあらゆる神話、伝説、物語が嵌め込まれている。また膨大な教訓的記述、聖典的箇所を含み持ち、事実上ヒンドゥー教の聖典としての存在となっている（本書・第二章参照）。

（6）*Mahābhārata*, 3. 130. 17-3. 131. 32（Poona Critical Edition）。

（7）『大正新脩大蔵経』第四巻、三二一頁上～三二三頁下。

（8）『大正新脩大蔵経』第三巻、三三三頁中～三三四頁上。

（9）『大正新脩大蔵経』第四巻、三五一頁下～三五二頁中。

（10）『大正新脩大蔵経』第二五巻、八七頁下～八八頁下。

（11）そもそも、②過去物語において基本的に「布施」の語を用いていない。②過去物語において「布施」の語が見える唯一の例は、毘首羯磨天が初めて帝釈天にシビ王の存在を示唆するとき「有大菩薩。布施持戒禅定智慧具足。不久当作仏」と言っているものである。しかし、そのすぐあとに毘首羯磨天が再びシビ王に言及するときには「是優尸那種尸毘王。持戒精進大慈大悲禅定智慧不久作仏」とあって「布施」の語はない。すなわち、唯一「布施」の語を含む毘首羯磨天の発言においても、シビ王が六波羅蜜を満たしていると言おうとしているにすぎないと思われる。

（12）松村恒「シビ本生話と捨身供養」（注（1）参照）。

（13）『大正新脩大蔵経』第三巻、一頁中～下。

（14）しかし通読すると、主題とそれに応ずるべき説話とが（とくに後半になるほど）かなり食いちがっており、簡潔な主題にある程度以上の複雑さを持つ説話をあてがうことの困難さを示している面があると思われる。巻第三までの「布施度無極章」に掲げられた説話群は比較的成功しているようである。

（15）このモチーフについては原実『古典インドの苦行』（春秋社、一九七九年）が参考とされるべきである（本書・第二章参照）。

第四章　スタソーマ王本生譚の原型と展開(一)

はじめに

婆羅門に「あとで物を与える」と約束した須陀摩《すだま》王は、それを果たす前に食人鬼・鹿足《ろくそく》王に捕らえられてしまう。そこで、須陀摩王は鹿足王に、「婆羅門に物を与えたのちに戻って来る」との第二の約束をする。そして、本当に喰らわれるために帰って来た須陀摩王を見た鹿足王は、ついに改心し須陀摩王に帰依する。須陀摩王こそ前世の仏である――『三宝絵』のスタソーマ王本生譚はこのように語られる。本章に先立つ第二章、第三章ではシビ王本生譚の原型と展開について考察したが、本章・第四章から第六章ではスタソーマ王本生譚の系譜にある説話の原型と展開について考察してゆくことにする。『三宝絵』のスタソーマ王本生譚は「持戒波羅蜜」の例証として提示されており、したがって、スタソーマ王はこの説話に「不妄語戒」を貫いた人物として登場する。しかし、この説話の系譜を辿ってみると、そこで主張される事柄、また、背景にある思想は、単に、「嘘をつかない」というには留まらないものがある。

さて、須陀摩はサンスクリット、パーリ語の文献でスタソーマ（＝Sutasoma）と呼ばれている人物であり、漢訳仏典では「須陀須摩」「蘇摩《そま》」「修陀素彌《すだすみ》」などと音訳された名で登場し、また、別の原語に由来するとされる「普明」という名の王として描かれる場合もある。したがって、以下の論述では「スタソーマ」の名で全てのヴァリエーションを代表させて示すことにした。

ところで、これらの説話群はまた、スタソーマ王に帰依する食人鬼・鹿足の物語でもあると言い得よう。この食人鬼のサンスクリット名は「カルマーシャパーダ」（＝Kalmāṣapāda、斑の足を持つ者の意）、パーリ語名は「カンマーサパーダ」（＝Kammāsapāda）であり、「サウダーサ」（＝Saudāsa、スダーサの子の意）、「シンハサウダーサ」（＝Siṃha-saudāsa、シンハは獅子の意）という別名（↓父に由来する名）で呼ばれてもいる。そして、漢訳仏典では、彼の名はこれらに応じて「劫磨沙波陀《こうましゃはだ》」「迦摩沙颰《かましゃはつ》」「羯摩沙波羅《かつましゃはら》」「迦摩沙波陀」（「駮足《ばくそく》」と並記）、また「班足《はんそく》」「斑足」などと、発音あるいは意味を取って訳されている。そこで本章、および本章に続く「第五章　スタソーマ王本生譚の原型と展開㈡」「第六章　スタソーマ王本生譚の思想的背景」では、この人物の名を統一的に「カルマーシャパーダ」と表記することにしよう。幾つかの仏典やバラモン教、ヒンドゥー教、文献の中にカルマーシャパーダの説話が現れるが、そこにスタソーマ王は全く登場しない。このことから、この説話は本来的にカルマーシャパーダの話であり、その発展形の一つがスタソーマの説話だと判断される。カルマーシャパーダの説話にはごく単純なものから非常に複雑に発展したものまでさまざまある。たとえば、カルマーシャパーダを有名な殺人鬼・アングリマーラ（＝Aṅgulimāla）の前世の姿（の一つ）として語るもの、また、カルマーシャパーダが人間を父とし獅子を母として生まれたとして、そのいきさつを語るものなどがある。

一　渡辺海旭論文と関わって

さて、このようにスタソーマ王の説話群を見てゆこうとするとき、挙げておかなければならない古典的な論文がある。それは、『大正新脩大蔵経』の編纂者の一人としても知られる仏教学者の渡辺海旭が一九〇九年（明治四二）に英国で公刊した英語論文である。(1) 仮にその論題を日本語に訳すとすれば、「カルマーシャパーダの説話とそのインド文学における発展――マハーバーラタおよびジャータカの一考察――」といったことになるだろう。カルマーシャパーダの説話が収められた膨大な数の仏教、バラモン教（およびジャイナ教）の文献を挙げ、仏典を中心としてそれらの中での当該説話の発展過程を論じたのち、系統図の提示に終わる七十五頁の長大な論考である。(2) 日本、海外の研究者によってしばしば渡辺論文の名は挙げられてきたが、論考の規模の大きさ、細部に注意のゆきとどいた精密さという両方の点においてこれを超える論文は出ていないようである。(3) この論文においては、たとえば、文献の成立年代とその文献に収録された一説話の成立年代が同列に扱われていると考えられ、現在の説話研究者が見るときには修正すべき点もあるであろう。しかし、そういった論旨の一々や結論に賛同するか否かは別の問題として、カルマーシャパーダ説話の世界の大きさ、および、それと本章との関わりを示すためには、渡辺論文の概要を示しておくのが良いと思われる。

そこで次に、渡辺論文によって網羅された文献を挙げておきたい（英語の表記を日本語の表記に変え、また、巻の表示などは省く）。仏典については論文の冒頭に次のように列挙されている。

(一)　パーリ語仏典＝　「マハースタソーマ・ジャータカ」、『チャリヤー・ピタカ』「スタソーマ・ジャータカ」、「ニダーナ・カター」、「ジャヤディッサ・ジャータカ」、『チャリヤー・ピタカ』「ジャヤディッサ・ジャータカ」。

㈡ サンスクリット仏典＝『ラーシュトラパーラ・パリプリッチャー』（『宝積経』「護国菩薩会」）、『ジャータカ・マーラー』、『バドゥラカルパ・アヴァダーナ』、『ランカーヴァターラ・スートラ』（『楞伽経』）。

㈢ 漢訳仏典＝『旧雑譬喩経』、『六度集経』、『雑譬喩経』、『僧伽羅刹所集経』、『菩薩本行経』、『大智度論』、『仁王般若経』、『楞伽経』、『賢愚経』、『宝積経』「護国菩薩会」、『師子素駄娑王断肉経《ししすだしゃおうだんにくきょう》』。

㈣ チベット訳仏典＝『賢愚経』。

また、渡辺論文中で取り上げられているバラモン教、ヒンドゥー教文献はおおよそ次の通りである。

㈠『リグ・ヴェーダ』、『タイッティリーヤ・サンヒター』、『カウシータキ・ブラーフマナ』、『ブリハッド・デーヴァター』などのヴェーダ文献。

㈡ 叙事詩『マハーバーラタ』（「初めの巻」「カルナの巻」「馬祀の巻」）。

㈢『ヴィシュヌ・プラーナ』『バーガヴァタ・プラーナ』、『スカンダ・プラーナ』などのプラーナ。

渡辺論文ではカルマーシャパーダの説話が、仏典のものとバラモン教聖典のものとの間で影響を与えあいつつ、単純な形から複雑な形へと発展したと考えられている。長大な論考であってその論究は多岐にわたるものであるため、要約を示すのも容易ではないが、本書と関わりのある部分を中心としてそのあらましを以下のようにまとめる（英文の論旨を日本語の要約とする）。

この発展段階の最初期には、バラモン教とは無関係に仏教の側で生み出された原初的な説話があった（紀元前二〇〇～一年ごろ）。それに近い姿を今、『旧雑譬喩経』の中に見ることができる。一方、『リグ・ヴェーダ』「十王戦争」の章に現れるスダース王、またはスダーサ王はカルマーシャパーダ（→サウダーサ）の原型であり、その伝承は『マハーバーラタ』に至って大きく成長するが、それ以前から仏典のスタソーマ説話にかすかな影響を及ぼしていた。その初期の段階のものとして、『僧伽羅刹所集経』の説話がある（紀元一～一〇〇年頃）。その後『大智度論』に見る単独経典の「蘇陀蘇魔王経」が存在した時代(4)（一〇〇～二〇〇年頃）までが第一期であって、ここまでのスタソーマ説話の主題は、彼が真実のみを口にし、命がけで約束を果たそうとするというところにある単純なものであった。

第二期に入ってスタソーマの人格は高揚してゆき、それにしたがい、説話の主題はもっと複雑なものとなってゆく。その最初の事例は康僧会訳の仏典、すなわち『六度集経』である（二〇〇～二五〇年頃）。そののちこの説話は『仁王経』宣布のために利用され（二五〇～三〇〇年頃）、さらにのちに完全な発展を遂げるに至る（三〇〇～四〇〇年頃、「マハースタソーマ・ジャータカ」など）。その後に成立した『楞伽経』類や『賢愚経』は、カルマーシャパーダが獅子の母から生まれたことを語るものであり、特異な発展をしている。

また、第一期の仏典のカルマーシャパーダ説話はどちらかといえば『マハーバーラタ』のカルマーシャパーダ説話に影響を与える側であったが、これらの第二期の仏典の場合には、逆に『マハーバーラタ』から強い影響を受けている。（以上、英語論文の要約）

このように非常に複雑な発展を遂げたカルマーシャパーダ説話の一脈の流れが『三宝絵』に流れ込むに至る――というのが（渡辺論文ではなく）本書の興味を持つ点である。

以上のような各経典の前後関係のみならず、説話の歴史的発展の経路は興味深いが決定することのむずかしい問題である。経典の成立年代やその新旧はその中に収められた説話の新旧と必ずしも対応するわけでないということもある。新しい経典が古い説話を収めているということもあり得る現象である。渡辺論文には文献・仏典の成立年代とそこに収められた説話の成立年代を単純に同一視しているという問題点がある。

また、渡辺論文の場合には説話の歴史的発展を論ずる際の基準として、話型あるいはモチーフが着目されている。その発展過程の中で、説話の主題や機能が変化する、あるいはしないといったことにはほとんど全く言及していない。話型・モチーフの変化や発展は、必然的に主題・機能の変化・発展の可能性を伴うであろう。スタソーマ説話の場合には、話として劇的に成長したほどには、少くとも仏典の世界においてその主題や機能が大きく変化しなかったと言えるのかもしれない。しかし、その一方で、やはり微妙に変化しているのであって、その変化の相に興味が持たれる。いわば、インド文学を流れるスタソーマ王の物語、あるいはカルマーシャパーダの物語という大河から流れ出した、一筋の支流が日本の『三宝絵』に流れ着いたわけである。本章では、持戒波羅蜜の説話としての『三宝絵』のスタソーマ王本生譚が遡り得るところまでを取り上げる。スタソーマ説話（→カルマーシャパーダ説話）の世界は大きく、考えるべき事柄は多いので、本章に続いて次章においても、それらの説話群の中での話型・モチーフの変化に相応ずる主題、あるいは機能の変容の諸相を見てゆくことにしたい。

二　持戒の説話としてのスタソーマ王本生譚

いつの世にか仏となるべき菩薩が満たさなければならない六つの菩薩行が六波羅蜜である。布施波羅蜜（＝檀波羅《だんぱら》蜜《みつ》）、持戒波羅蜜（＝尸羅波羅蜜《しらはらみつ》）、忍辱波羅蜜（＝羼提波羅蜜《せんだいはらみつ》）、精進波羅蜜（＝毘梨耶波羅蜜《びりやはらみつ》）、禅定波羅蜜、般若波羅蜜の六つである。スタソーマ王の説話は、その第二、持戒波羅蜜の例証話として最もよく知られているようであり、『三宝絵』のスタソーマ王本生譚もまたその流れを汲んでいる。

二・一　『三宝絵』スタソーマ王本生譚

『三宝絵』上巻は六波羅蜜とそれ以外の七つの菩薩行を説き、それぞれに対応する十三の本生譚を収めている。そのうちの第二話がスタソーマ王本生譚である。ここではまず、持戒波羅蜜とは何ぞやという定義の文章から始まる。[5]

①序＝　菩薩は世々に持戒波羅蜜を行ふ。其の心に念はく、「もし戒を持《たも》たずは常に悪道に堕つべし。吉《よ》き身に生れずはいかでか貴き道をば行はむ」と思ひて、命を軽みし戒を重くすること、髻《もとどり》の中の玉を護るが如く、海の上の船を憑むが如し。

そして、物語そのもの、本生譚の「過去物語」と呼ばれる部分が置かれている。

②過去物語＝　昔、須陀摩という王がいた。嘘をつかないという戒を持っていた。あるとき、女たちと園で遊ぶために車に乗って門を出ようとするとき、一人の婆羅門が来て物を乞うた。王は帰ってから与えることを約束した。しかし、園で遊んでいると、鹿足王が空から飛んで来て王をさらってしまった。山の中に連れて来ると、喰らおうとして先に集めた他の九十九人の王とともに置いた。ここで、雨のごとく涙を流す須陀摩王に、鹿足王はその訳を問うた。「嘘をつくことになってしまったのが悲しいのだ」と言って、須陀摩王は婆羅門と約束したことを話した。そして、鹿足王から七日の暇を許された須陀摩王は戻って婆羅門に宝を与え、太子に国を譲った。

臣下も国民も涙ながらに王を止め、「須陀摩王を鉄の家に入れ、兵をもって鹿足王を防ぐ」と言ったが、王は「戒を破って空しく生きるよりは、戒を守って早く死ぬほうが良い。『実語』は第一の戒である」云々と言って、鹿足王の所に戻った。これを見た鹿足王は須陀摩王を賛嘆した。「あなたは本当に嘘をつかなかった。真の賢者である」と。須陀摩王は「真実を口にする者が人である。偽りをする者は人でない」と十善を説き、これを聞いた鹿足王は心を改め信心を起こして、須陀摩王と九十九王の命を許した。

最後に、「連結」と呼ばれる記述、その他をもって物語は結ばれる。

③結＝　命に替ふるまで虚事《そらごと》せざりしかば、是れを持戒波羅蜜を満つるとせり。昔の須陀摩王は今の釈迦如来なり。『智度論』に見えたり。絵有り。

つまり、『三宝絵』の中で、須陀摩王（＝スタソーマ王）の本生譚は持戒（波羅蜜）の例証話として語られている。戒にもさまざまある中で、五戒の一、不妄語戒をもって代表させている格好になるわけである。

二・二　『大智度論』スタソーマ王本生譚

『三宝絵』のスタソーマ王本生譚が直接的にか間接的にか由来するのは、話の末尾で名の挙がっている『大智度論』である。(6)『大智度論』は龍樹（二世紀半ば～三世紀半ばか）作、鳩摩羅什（四世紀半ば～五世紀初めか）訳と伝えられてきた文献である。しかし、近年になって、『大智度論』の成立・作者説は、さまざまな論議を醸している（本書・第二章・四参照）。『大智度論』に入っているスタソーマ王本生譚についても、既に挙げたシビ王本生譚と同様、二、三世紀から四、五世紀までのものと、かなりの幅を持たせて考えておく他はない。

ともあれ、『大智度論』巻第四にスタソーマ王本生譚は収められている。『大智度論』巻第四では、『摩訶般若波羅蜜経』初品の「復た菩薩・摩訶薩有り」という経文に対して注釈し、菩薩に関わるさまざまな事柄を問答形式で論述して六波羅蜜についての議論に至る（本書・第二章・四参照）。ここで、弗沙仏《ふつしゃぶつ》の世の釈迦仏の話が論題に上がる——弗沙仏《ふつしゃぶつ》の世のこと、釈迦菩薩と弥勒菩薩のうち、釈迦菩薩の心は「純淑」していなかったが、彼の弟子はみな「純淑」していた。一方、弥勒菩薩の心は「純淑」していたが、弟子たちは「純淑」していなかった。弗沙仏は釈迦菩薩にさまざまな試練を課し、結果として釈迦菩薩は九十一劫に悟りを得ることができたと述べられる。これについてまた、問答が続く。

問い、「なぜ、釈迦菩薩の心は『純淑』していなかったのにもかかわらず、弟子たちの心は『純淑』し、弥勒菩薩の心は『純淑』していたのにもかかわらず、弟子たちの心は『純淑』していなかったのか」。

答え、「釈迦菩薩は衆生を益する心が多く、自身のためになすことが少なかったからだ。弥勒菩薩は自身のためになすこと多く、衆生のためになすことが少なかったからだ。（釈迦仏は）鞞婆尸仏《びばしぶつ》から迦葉仏に至るまでの九十一大劫において、六波羅蜜を満たした。六波羅蜜とは何か。檀波羅蜜、尸羅波羅蜜、羼提波羅蜜、毘梨耶波羅蜜、禅波羅蜜、般若波羅蜜である」。（以上要約）

このあと、檀波羅蜜（＝布施波羅蜜）について、つづいて尸羅波羅蜜（＝持戒波羅蜜）について問答が交わされるのである。(7)

問ひて曰はく、「尸羅波羅蜜は如何満ずる」と。

答へて曰はく、「身命を惜しまずして浄戒を護持すること、須陀須摩王の如し。劫磨沙波陀大王を以ての故に、乃ち命を捨つるに至るも禁戒を犯さざりき。…

と述べて、戒を持ち「実語」を心がけるスタソーマ王がカルマーシャパーダを改心させる話を語る。その内容や文章を『三宝絵』のものと比較すると、『大智度論』のスタソーマ王本生譚を簡略化し和文化したもの、あるいはその流れを汲むものが『三宝絵』本生譚であることが確認される（ここでそれを具体的に取り上げることはしない。シビ王本生譚の場合と同様。本書・第二章・四参照）。『三宝絵』が持戒波羅蜜の例証話として不妄語戒を守ったスタソーマ王の話を引くのは『大智度論』の伝統によっているのである。『大智度論』は巻第一三（初品「尸羅波羅蜜義」）から巻第一四（初品「尸羅波羅蜜義之余」）において持戒波羅蜜についてさらに論述を展開し、五戒の内容にも言及してゆくのであるが、持戒波羅蜜の例証話はとにかく、不妄語戒を持ったスタソーマ王の本生譚である。これと類似するが、実は明白に異なる事例が次の『六度集経』において見られる。

二・三　『六度集経』「普明王経」スタソーマ王本生譚

『六度集経』は呉の康僧会訳（太元元〜天紀四年、二五一〜二八〇）と伝えられ、原典は二世紀半ば成立とも言われる（本書・第二章・五参照）。この経典は菩薩行としての「六度無極《ろくどむごく》」（＝六波羅蜜）に関わる本生譚を集めたものであり、巻第四ではその第二・戒度無極、すなわち持戒波羅蜜について説かれる。冒頭部分には、この波羅蜜を規定する次のような修辞的、かつ難解な文章が置かれている。それを一応次のように書き下した(8)。

戒度無極とは厥《それ》則ち云何（↓以下「破戒とは何か」を解説）。狂愚・兇虐にして好んで生命を残することなり。貪余りて盗窃し、婬泆《いんいつ》・穢濁にして、両舌・悪罵、妄言・綺語することなり。嫉恚・痴心もて親を危うくし、聖を戮《ころ》すこととなり。仏を誇り賢を乱すこととなり。宗廟の物を取り、兇逆を懐き三尊を毀つこととなり。斯の如き元悪（＝大悪人）は寧ろ脯割《ほかち》（＝乾肉の刑）に就き、市朝に葅醢《しよかい》（＝塩づけの刑）せられて、終に仏・三宝を信じて普く四恩を済ふことを為さざらん。

このあとで引かれている十五経（＝十五本生譚）のうち最後のものが「普明王経」、すなわち、スタソーマ王本生譚である。やはり修辞的で平易とは言えない文章であるが、その要約を示すなら次のようなことになるであろう。

①現在物語＝　あるとき仏が舎衛国の祇樹給孤独園において説いた。

②過去物語＝　昔、菩薩は「普明」(9)という国王であった。普明王の隣国の王は正しく国を治める、獅子のように力強い王であった。あるとき（隣国の）王の料理人に肉がなく、料理人は道端の死人を調理して王に出した。のち通常の料理を出したところ、その味は人肉に及ばなかった。王に責められた料理人は事実を告白し、以来、料理人は密かに人を殺してその肉を王の食卓に供することになった。人が行方不明になる事件が多発して世の中を騒がせ、臣下の者たちが犯人として料理人を捕らえたところ、料理人は「王の命令によってやったことだ」と白状した。群臣は王を諫めて言った。「我々は王とは徳を持って慈悲の政治を行うべきものと聞いております」云々と。しかし、王は「赤子が乳なしに生きられないのと同様（、自分は肉を喰らわずに生きてはおれない）」と言ったため、臣下たちは王を追放してしまった。王は山に入って神樹を発見し、「私を国に帰らせていただけるならば、百人の王を貢ぎましょう」と誓願を立てた。そうして、やがて九十九人の王を捕らえた。

一方、普明王はあるとき視察のために外出しようとして、一人の婆羅門に出会った。「伝えたいことがある」という婆羅門に、普明王は「すぐに帰る」と約束した。しかし、普明王は「阿群《あぐん》」（＝食人の王、過去世のアングリマーラ）に捕らえられてしまった。普明王は「信頼を損なうのが残念なだけだ」と、一旦帰って婆羅門に戒を受け、宝を貢ぐことを願って、食人王に放たれた。婆羅門は普明王に「四非常」[10]を説く偈を教え、それら四非常の偈によって禍を滅するだろうと言った。普明王は持戒を誓った。微笑みながら戻って来た普明王を見て、阿群はその訳を尋ねた。普明王は「三界に聞くこと稀な仏の言葉を聞いたからだ」と答えて、阿群に四非常の偈を教え授けた。阿群は喜び嘆じて、百王を解き放した。そして過を悔いつつ日々四非常の偈を唱えて命を終わった。

このあとの展開については、やや簡潔に記すことにしよう。

食人の王は転生を重ね、仏の在世中に、舎衛国の阿群に生まれかわった。そこで、阿群は師の妻に横恋慕されるもこれを拒んだところ、彼女は逆に「阿群から言い寄られた」と夫に讒言をした。[11]その結果、阿群は師から難題を課せられた。百人の人間を殺しその指を切ることによって「神仙を獲」よ（＝呪力を得よ）と命ぜられたのである。師の教えに従って殺人を犯しつづけ、百人目に自分の母を殺そうとした阿群は、仏に救われ出家した。

ここで、仏は阿群に、彼の過去世の行いを説いて四非常を現じてみせた。…

③連結＝　仏は比丘らに告げた。「昔の時の普明王は吾が身是なり。吾、前の世にも之に四偈を授けたり」云々と。仏はさらに阿群が九十九王を殺害した因縁などを説いた。

このあとに、物語全体は「菩薩の志を執る度、無極なり。持戒を行ずること是の如し」と締めくくられる。

ここでは、カルマーシャパーダに当たる食人鬼――その名は記されていない――が阿群、すなわち、アングリマーラの前世の姿であるという設定を伴って物語は語られている。ストーリー全体は複合して複雑になっており、全体の半分以下を占めるばかりの普明王の本生譚[12]が語られるのは、仏が今の世においてのみならず過去の世にもアングリマーラに四非常を説いたという因縁を教えるためである。それを叙述する文章の中で、普明王の不妄語戒を守る姿勢はむしろ目立たないくらいのものであり、その戒も奇妙なことに、一旦の帰還ののちに婆羅門から受けたのだということである。そしてそもそも、普明王の生命を救い、彼をして食人王を帰依せしめた力は持戒にあるのでなく、四非常を説く四つの偈なのである。しかしそれでも、この話は最終的に、「持戒波羅蜜」を説こうとする、全体の枠組みのなかで、かなり強引に、持戒波羅蜜の説話として提示されている。(13) そして、巻第四冒頭にある持戒波羅蜜の規定――「戒度無極とは厥則ち云何。…両舌・悪罵、妄言・綺語することなり」――からすれば、普明王の守ろうとした戒は十戒の第三・不妄語戒だということになる。このように、六波羅蜜について説くという一書としての目的と、それに応じた枠組みを持つ『六度集経』において、スタソーマ王の本生譚は無理やりに持戒波羅蜜の例証話として使われていると言うことができる。(14)

おわりに

以上のように、渡辺海旭が数多くの事例を示したスタソーマ説話の中でも、『三宝絵』に連なる持戒の例証となっているのは、『大智度論』と『六度集経』のものだけである。しかも、持戒の説話としてのスタソーマ本生譚をうち出して一応成功しているのは『大智度論』だけだと言って良さそうである。『六度集経』「普明王経」において、実質的には「四非常(の偈)」がその核なのであり、こうしたぶれは、スタソーマ王本生譚の本質が持戒にあるのではないことを示唆している。本章に続く「第五章　スタソーマ本生譚の原型と展開(二)」では、こうした持戒の例証としてのスタソーマ王本生譚の、その元の姿と言うべき「真実語」の説話としてのスタソーマ王本生譚を取り上げたい。

注

（1）Kaikyoku Watanabe, "The Story of Kalmāṣapāda and its Evolution in Indian Literature: A Study in the Mahābhārata and the Jātaka", *Journal of the Pali Text Society*, pp.236-310, 1909．同じ年に日本語で概要のみを公刊している（渡辺海旭「普明王本生に就きて」〈『宗教界』第五巻第六号、一九〇九年〉→渡辺海旭『壷月全集』上巻〈一九三三年〉）。

（2）こうした系統図の作成を以て終わる手法は一九世紀欧米のインド学者たちによって確立されたものである。その後、日本のインド学の説話研究にもかなり踏襲されている。

（3）渡辺論文で取り上げられた仏典の一つや二つについて詳論したものに、土田龍太郎「智厳訳『師子素駄娑王断肉経』」（『仏教教理の研究』、春秋社、一九八二年）、河野智子「スタソーマ王本生研究（1）」（『印度学仏教学研究』第三〇巻二号、一九八二年）がある。河野氏の論文は「マハースタソーマ・ジャータカ」と「ジャヤディッサ・ジャータカ」との影響関係を取り上げたものである。また、渡辺論文でごく簡略にしか言及されなかったジャイナ教文献の「斑足王食人肉譚」を分析し、仏教文献のそれとの関係に論及した安藤充「斑足王食人肉譚の展開について」（『仏教研究』第二一号、一九九二年）があり、大変興味深い。

J. Ensink, "Mitrasaha, Sudāsa's son, with the Spotted Feet", *Pratidānam*, The Hague, 1968は、スタソーマ説話がヴェーダ文献、および、それ以外の口頭伝承の双方から影響を受け、『マハーバーラタ』の当該説話、そして、『ラーマーヤナ』とプラーナ類の当該説話とに分かれて発達したと結論づけている（ヴェーダ文献以外の口頭伝承に着目した点が渡辺論文と異なる）。

（4）渡辺海旭ののち、『大智度論』の成立と作者に関しては、龍樹作を否定し、鳩摩羅什を作者とする説までも提出され、現在、諸説紛々とした状況になっている（本書・第二章参照）。仮に『大智度論』が龍樹作でないとすれば、その成立は鳩摩羅什が訳したとされるとき（四世紀半ば～五世紀初め）以前のある時期まで引き下げられてしまうことになる。渡辺海旭は伝統的な『大智度論』龍樹作者説に従ってこのように述べているわけだが、現在の状況では、『大智度論』に見える「蘇陀蘇魔王経」の時代も特定することがむずかしくなる。

（5）出雲路修『三宝絵』（東洋文庫、平凡社、一九九〇年）。

（6）出雲路修『三宝絵』（注（5）参照）ではこれを直接的な依拠と見ているようだ（一八五頁）。

（7）『大正新脩大蔵経』第二五巻、八八頁下～八九頁中。

（8）『大正新脩大蔵経』第三巻、二二頁中～二四頁上。

（9）普明王は他の多くの類型説話のスタソーマに相当するわけだが、渡辺海旭によれば、彼の名、「普明」はカルマーシャパーダの名（→サウダーサ）、あるいはその父の名（＝スダース、スダーサ）に関係があるだろうという（渡辺論文二四八頁・注一、二八八～二八九頁）。渡辺論文では、ヴェーダ文献のスダース王の悪なる面がカルマーシャパーダ（→サウダーサ）に、善なる面がスタソーマになっていったと考えられている。また、「普明」のサンスクリット形はSamantaprabhāsaかSamantaraśmin の可能性もあるが、Subhās、あるいは、Subhāsa、または、Svābhāsaかもしれないと推測されている。それに対して、スタソーマ（＝Sutasoma）という名は、ヴェーダ祭式の中で重要な位置を占めるソーマの圧搾と関わりがあり、スダース王はこのソーマの儀礼と関係が深かった。一方、Subhās はスダース王の名、Sudās の変化形であるという。渡辺海旭によれば、スタソーマも普明（→Subhās）もスダースに由来する名前だということになる。

なお、馬淵和夫・小泉弘・今野達『三宝絵・注好選』（新日本古典文学大系、岩波書店、一九九七年）の『三宝絵』上巻第二話の「須陀摩」に対する脚注（一四頁）に「訳は普明王」とある。これは、赤沼智善『印度佛教固有名詞辞典』（法蔵館、一九九四年、一九三一年序）の「Sutasoma」項に「譯：普明」（六七三頁）と記されているものに従ったのではないかと考えられるが、『印度佛教固有名詞辞典』ではSutasoma の漢訳を「普明」とする根拠は全く示していない。同じ類型の説話に登場する同じ役割の人物であるからとしてそのような処理をしたのではないかと推測される。赤沼智善『印度佛教固有名詞辞典』は有用な資料であるが、ときとして問題を孕む場合もある（本書・第七章・注（22）参照）。渡辺海旭の解釈を採るならば「普明」は「スタソーマ」を漢訳したものではない。

（10）非常（＝無常）、苦、空、非身（＝無我）の四つ。

（11）このように、若者が師匠や主人の妻、あるいは、父や兄の妻から横恋慕を受けてこれを拒んだため、師匠等の妻が夫に若者が言い寄って来たと讒言する、というのは、世界的に見られる説話のモチーフである。インドの文学でもクナーラ太子説話等多くの説話にこのモチーフを見る（本書・第八章参照）。

（12）パーリ語『ジャータカ』（＝*Jātaka*）の「マハースタソーマ・ジャータカ」（＝Mahāsutasoma-jātaka）は、『六度集経』「普明王経」のこの部分によく似ている。何らかの関係はあったと思われるが、ここでそれを明らかにすることはできない（本書・第五章参照）。

（13）『六度集経』に収められた、かなりの数の説話がこのように無理な型に嵌められている（本書・第三章参照）。

（14）『仁王般若波羅蜜経』（『大正新脩大蔵経』第八巻）下「護国品第五」の普明王説話は『六度集経』普明王経に拠っているか、『六度集経』普明王経と同様の伝承に拠っているらしいながら、特異な存在になっている。『仁王経』は鳩摩羅什訳と伝えられてきたが、幾つかの理由で中国撰述の経典、疑経とする説がある。椎尾弁匡は「晋梁の間に、弘法者が梵本を変造して教化の具としたもの」としている（『国訳一切経』釈経論部五下「仁王般若波羅蜜経解題」、一九三六年）。また、望月信亨『仏教経典成立史論』後編・第九章（一九四六年）等参照。

『仁王経』「護国品」では仏が舎衛国の波斯匿王《はしのくおう》ら十六大国の王たちに、護国のためこの経を受持し講読すべきこと等を説く。普明王の話はここで引かれる第二の説話である。この話は、普明王という主人公の名、また、この王が与えられる偈（『仁王経』では「劫焼終訖…」）からして、『六度集経』「普明王経」の系統のものと考えられる。また、普明王を喰らおうとした人物の名は、「班足太子」、または、「班足王」であるが、これは『賢愚経』（四四五年成立とされる。本書・第二章参照）の「斑駁」「駁足」と類似の名前であり、同じ伝承に拠るものと思われる。しかし、ここで、普明王が一時許されて帰り、何をするかと言えば、百僧を招いて『仁王経』の偈を説かせるのである（『六度集経』「普明王経」の偈と同類の偈がここでは『仁王経』の偈とされている）など、かなり強引に簡略化・変形され、かつ持戒の例証話であったはずのものが『仁王経』の偈を読誦すべしという教えの例証話になってしまっている。スタソーマ王の説話としては特殊な例である。『六度集経』「普明王経」系統の説話の実質が「持戒」ではなく「四非常の偈」を説くところにあったのも、こうした変容の一因であるだろう。なお、偈が重要なモチーフであるのは、パーリ語「マハースタソーマ・ジャータカ」、『六度集経』「普明王経」『仁王経』「護国品」に共通する性格である。

第五章　スタソーマ王本生譚の原型と展開㈡

はじめに

「不妄語戒」を持つ素陀摩《すだま》王は、喰らわれるために戻って来るという約束を守り、食人鬼・鹿足王を改心・帰依させる。その昔の素陀摩王は今の世の仏である——このように語られる『三宝絵』上巻第二の話は、持戒波羅蜜の例証として示されている。この説話が『大智度論』の系譜を引く持戒波羅蜜の例証であることについては前章、「第四章　スタソーマ王本生譚の原型と展開㈠」で触れた。しかし、そこでも述べたように、「六度無極」（＝六波羅蜜）を唱導するという大いなる仕事のために、それに応じた章立てをして説話を集めた『六度集経』は、スタソーマの本生譚を「戒度無極の章」に収めてはいるものの、これを持戒（波羅蜜）の説話として提示するそのやり方は、かなり強引なものと言わざるを得ない。かれこれ考えあわせてこの話の本来の姿は、「持戒」の説話ではないようである。

そのことを見極めるために本章で取り上げているのは、漢訳仏典の『旧雑譬喩経《くぞうひゆきょう》』『雑譬喩経《ぞうひゆきょう》』『僧伽羅刹所集経《そうぎゃらせつしょしゅうきょう》』、そして、パーリ語仏典の『ジャータカ』「マハースタソーマ・ジャータカ」と「ニダーナ・カター」、『チャリヤー・

ピタカ』である。筆者の場合、研究の事の発端は『三宝絵』の須陀摩王本生譚であったが、持戒（波羅蜜）の例証として載っているこの説話の言わんとすることは、本来もう少し違うところ――「真実語」にあったというのが本章の趣旨である。(1)

なお、須陀摩王はサンスクリット、パーリ語仏典の世界でスタソーマと呼ばれている人物であり、漢訳仏典では「須陀須摩」「修陀須彌」などと訳された名で登場する。これらの説話群はまた、スタソーマ王に帰依する食人鬼・鹿足の物語だと見ることもできる。この「鹿足」に対応するサンスクリットの名前はカルマーシャパーダ（＝Kalmāṣapāda）、漢訳は「羯摩沙波羅《かつましやはら》」「駁足」などであり、これは「斑の足を持つ者」という意味である（本書・第四章・「はじめに」参照）。

一 『旧雑譬喩経』『雑譬喩経』スタソーマ王説話

『旧雑譬喩経』は呉の康僧会によって太元元年（二五二）に訳されたと伝えられ、寓話的な譬喩譚（＝upamā、ウパマー）とその他の説話を集めた経典になっている。そこに説話群を規定する特定の枠組みや文章、一見してわかる配列方法はない。この経典の巻下第四〇話はスタソーマ王本生譚に該当するものだが、本生譚特有の「現在物語」「過去物語」「連結」という構造を持っていない。したがって、それは単に「スタソーマ王説話」と呼ぶべきものである。その概要を示すならば次のようになる。(2)

昔、ある婆羅門が猟に出ようとする王に物を乞うた。王は婆羅門を待たせて猟に出掛けたあと、臣下とはぐれて山中で「鬼」と会った。鬼は王を喰らおうとしたが、王は婆羅門との約束を話し、鬼に「帰って婆羅門に物を与えてから戻って来る」と言った。鬼が王を放したので、王は帰って婆羅門に物を与え、太子に国を任せ、そして、鬼の所に戻って来た。鬼は王の「至誠《しじょう》」に感じ、王を喰らうことをやめた。
最後には、次のような仏の言葉が付け加えられている。

師（→仏）曰はく、「王、一誠を以て命を全うし国を済ふ。何に況や賢者の五戒を奉持せんにおいてをや。布施と至意[3]は其の福無量なり」と（「師曰。王以一誠全命済国。何況賢者奉持五戒。布施至意其福無量也」）。

ここにはスタソーマ、カルマーシャパーダの名のいずれのヴァリエーションも現れていない[4]。また、本生譚の形式もなく、菩薩の思想とも無縁の説話である。「五戒」「布施」という言葉も使われてはいるが、そういった事柄の説諭に話全体が積極的に奉仕させられているということではなさそうである。悟りを目指す菩薩道といったことではなく、もっと素朴、あるいは一般的な倫理としての「至誠」の姿が示されているように見える。

さて、『旧雑譬喩経』とよく似た性格の経典に『雑譬喩経』がある。これは後漢の時代（二五～二二〇）に漢訳されたと伝えられる訳者不明の経典である。先ほどの『旧雑譬喩経』と同じく、寓話的な譬喩譚（→upamā、ウパマー）とその他の説話を集めている。しかし、その巻頭には、

菩薩の人を度するは譬《たと》へば巧みなる乳母の子を養ふが若し。四事あり。一は洗浴して浄ならしむ。二は乳哺して飽かしむ。三は臥寝を安穏ならしむ。四は抱持し出入して恒に歓喜せしむ。此の四事を以て其の子を長養し成就を得しむ。菩薩も亦復《また》是くの如し。四事有りて衆生を育養す。一は正法を以て心垢を洗浴す。二は経法の飲食を以て飽かしむ。三は禅定三昧もて随時に興立せしむ。四は四恩を以て一切を饒益し一切を恒に歓喜せしむ。此

の四事を以て一切を勧誨す。衆生を長育して至道を得しむ。

という記述があり、本生譚の集成として全体をゆるやかに統括する形を取っている。

そして、『雑譬喩経』の巻上・第八話(5)がスタソーマ王本生譚に対応する話である。

②過去物語＝　昔、一人の王が好んで人肉を喰らい、料理人に密かに人を取って来るよう命じていた。やがてこれが臣下の知るところとなり、王は彼らに追放されてしまった。十三年経って王には翼が生え、飛んで行っては人を喰らうようになった。そして、山の樹神に、「五百人の王を取って祀るので、再び国王の座に即かせてほしい」と祈願した。そして、既に四百九十九人を取ったとき、ある国王が後宮の人々を連れて池で遊ぼうとした。宮門を出るとき、婆羅門が来て偈を説きつつ物を乞うた。王が「帰ってから金銀を与えよう」と約束し、池に入って水を浴びようとしたそのとき、食人の王が飛んで来て王を山中に連れ去った。王は食人の王を見ても恐れなかった。その訳を尋ねる食人王に王は、「人生に死あり」云々、「ただ、婆羅門に施しをしなかったのが恨みだ」と言って、布施ののち戻って来ることを食人王に約束し、許された。七日の猶予を与えた食人王は、「たとえ帰って来なくても自分はお前を簡単に捕まえられる」と言った。

王は帰還して蔵の物を布施し、太子を王として、人々を慰めてからまた戻って来た。食人王は「世の人の重んじ愛する身命を捨てるとは、何があなたをそうさせるのか」と問うた。王は「私の慈施と至誠を行おうという誓いのためである」と答え、食人王の求めに応じて五戒・十善等を説いた。食人王は心が開け、五戒を受けて出家者となった。四百九十九人の王は解放されたがその国に留まったので、国王は彼らのために立派な住まいを造り、自分のものに劣らない飲食物や衣服を与えた。百王の住まいのために、この国（→都）は王舎城と呼ばれるようになった。

③連結＝　仏は悟りを得てから、このことの本末を説いた。「信を立てた王は私であり、食人王は殃崛摩《おうくつま》（＝Aṅgulimāla、アングリマーラ）である」云々と。仏がこのことを説いたとき、歓喜して悟りを得ない者はなかった。

このストーリーの中で、食人鬼の許へ戻った王と食人鬼との間に、「世の人の重んじ愛する身命を捨てるとは、何があなたをそうさせるのか」、「私の慈施と至誠を行おうという誓いのためである」（「吾之慈施至誠信盟」）というやりとりがある。ここに「至誠」という言葉も見え、『旧雑譬喩経』の場合と同様、この話の核となるものはこのあたりにありそうである。また、『雑譬喩経』のシビ王説話は一応本生譚の形を取っている。古く流布していたさまざまな説話を取り上げ、その主人公や主要な人物を前世の釈迦に仕立て、現在物語、連結という形式を整えていったものが本生譚であるとするならば、『旧雑譬喩経』の該当説話はそれらが本生譚になる以前の姿を、『雑譬喩経』の説話はその途上の姿を示しているのであろう。しかし、そこで強調される「至誠」は菩薩道の特定の徳目といったものではなく、それを越えた性格を持っていると予測される。

二　真実語について

ここで、「至誠」、および、「真実語」という概念について、少々述べておかなければならない。「至誠」は嘘をつかない、真実を口にする、真実を体現したあり方・生き方をするといったことを表現した言葉として漢訳仏典の説話に散見している。一例を挙げよう。たとえば、先ほどの『雑譬喩経』下巻の第一八の話では、仏が「波利弗国《はりふつ》（＝Pāṭaliputra、パータリプトラ）[7]は豊かであり、そこに存在しないものはない」と言った。これを聞いた外道たちが、仏の言葉を「至誠」のものではなくしてやろうと企んだ。そこで、この外道たちは波利弗国の市で羅刹鬼を探し求め、それを売る商人が一人もいないのでほくそえんだ。しかしこのとき、帝釈天が羅刹鬼を売る商人に「化作」（＝姿を変えた）したために、これら外道の企みは無に帰した。外道たちは心中、仏の「至誠」なるを知った。

と語られている。

また、この「至誠」という言葉はしばしば「真実語」そのものを指し、あるいは「真実語」のなかで典型的に使われる。「真実語」という言葉それ自体はサンスクリットの「サティヤ・ヴァーディヤ」（＝satya-vādya）、パーリ語の「サッチャ・ヴァッジャ」（＝sacca-vajja）、あるいは、サンスクリットの「サティヤ・ヴァチャナ」（＝satya-vacana）、パーリ語の「サッチャ・ヴァチャナ」（＝sacca-vacana）などを現代日本語に翻訳した用語と言うべきものである。漢訳仏典では「実語」「実言」「諦言」、そして「至誠」などが真実語に当たる。ただし、本書では、便宜のため漢訳仏典の場合も含め、総称して「真実語」という言葉を使うことにした。この「真実語」、または単に「真実」――サンスクリットの「サティヤ」（＝satya）、パーリ語の「サッチャ」（＝sacca）――、さらに「真実誓言」「真実の誓い」――パーリ語の「サッチャ・キリヤー」（＝sacca-kiriyā）など――と呼ばれるものは、典型的には、その言明が真実であることから来る一種の威力を持つ言葉、あるいは言葉による行為である。[8]これは遠く『リグ・ヴェーダ』に淵源を持つとされ、[9]バラモン教文化に根ざすと考えられるものであるが、仏教に流入して仏典の説話の中にしばしば見られるのである。

一例を挙げれば、スタソーマ王本生譚と同じく『三宝絵』に流れ込んだ仏典由来の説話・シビ王本生譚にもモチーフとして見受けられる。(10)この話では、帝釈天の化身である鷹に追われた一羽の鳩が庇護を求めてシビ王の許に逃げ込む。この鳩もまたヴィシュヴァ・カルマンという神が姿を変えたものであるが、その鳩を守ってシビ王は、自らの肉を鳩の代りにと鷹に与える。そして、「肉体の苦痛のために、その行為を悔いる気持ちはないのか」と二人の神に迫られたシビ王は——『賢愚経』巻第一「梵天請法六事品」シビ王本生譚の表現に従えば——「ここに至るまで後悔の念は毛ほどもない。私の求める願い（→すなわち、悟りを得、仏となること）は必ず達せられるであろう」と述べ、そして、「至誠虚しからず我が言の如くならば、吾が身体即ち平復すべし」と誓う。この言葉によって、直ちにシビ王の肉体は元に戻った、と語られている。これが「真実語」、あるいはそれを用いた「真実の誓い」の例である。その誓いの中に「至誠」という言葉も用いられている。

もう一例を挙げておこう。仏典の世界で知られた殺人鬼・アングリマーラは、前世においてカルマーシャパーダであったと語られる場合がある。『雑譬喩経』において既にそうであるのを先に見た。このアングリマーラは仏に帰依したのち、彼に怯えるあまり難産に陥った女性を救うことを仏に求められる。そこで、アングリマーラは仏の教えに従って「真実語」を述べ、「真実の誓い」を行って彼女を救う。竺法護訳『鴦掘摩経』（三、四世紀）によれば、仏は、アングリマーラに次のように誓うようにと教える。

　指鬘（＝アングリマーラ）の言の如くにして、至誠虚しからず。生まれしより已来《このかた》未だ嘗て生を殺さず。審《たしか》に是の如くば、姉、当に尋いで産し安穏・無患《むげん》なるべし。

そして、仏の言葉に従ったアングリマーラの「真実の誓い」の力によって、女性は無事に子供を生み堕としたという。これはアングリマーラが仏に帰依したことによって、いわば、生まれかわったかのごとく人間が変わったという譬喩的な状況を、現実に偽りのないものと強引に宣誓した行為と言うべきであろうか、あるいは、超現実的な演出と言うべきであろうか。法炬訳『鴦掘《おうくつ》髻《け》経《きょう》』(三、四世紀)でも、仏は「至誠語」「真誠語」によって産婦を救えと言う。類似のエピソードはのちに挙げる「マハースタソーマ・ジャータカ」や『賢愚経』「無悩指鬘品」にもある。

『旧雑譬喩経』と『雑譬喩経』のスタソーマ説話に戻ってもう一度言えば、これらの譬喩経典の説くスタソーマ説話の「至誠」のあり方は、こうした「真実語」の思想・信仰を背景とするものと思われる。

三　『僧伽羅刹所集経』スタソーマ王本生譚

『僧伽羅刹所集経』は僧伽跋澄らが五胡十六国時代、前秦の建元二十年(三八四)に漢訳したと伝えられる経典である。経の序文にはこの経典を記したという僧伽羅刹なる人物について、「カニシカ王の師」であったと記されているが、さだかではない。この仏典は一種の仏伝としての体裁を取るものであり、巻上は菩薩行を説き、本生譚を載せている。ここで説かれる菩薩行は「十七の波羅蜜」とも呼ぶべきものであり、「大慈」、「檀」、「戒」、「精進」、「辱」(=忍辱)、「三昧」、「智慧」、「諦」(=審諦)、「柔和」、「慈孝」、「堅固心」、「多聞」、「恩」、「著袈裟」、「閑居」、「親友心」、そして「悲」(=悲心)という内容を持っている。これは、六波羅蜜に南伝仏教、パーリ語仏典が説く「十の完成」の一つ、「真実の完成」に相当する「審諦」を取り入れ、大慈、柔和、慈孝、堅固心、多聞、恩、著袈裟、閑居、親友心、悲心を追加した格好の独自のものとなっている。「南北両系の混交型」「南と北との相互の交渉を推定させる素材」と評する仏教学者もいる。[11]

この『僧伽羅刹所集経』の中で、スタソーマ王の本生譚は持戒ではなく、審諦を説く箇所に置かれている。同じ経典の中に持戒波羅蜜の徳目はありながら、スタソーマ王本生譚は、この持戒波羅蜜の例証話とはなっていないのである。さて、『僧伽羅刹所集経』の審諦の部は次のように説き明かされている。(12)

この菩薩の諦を行ずる時、彼の諦とは、心に虚妄有ること無く、言に二有ること無きなり。常に其の中に娯楽して、亦彼此無く、数数彼を楽しむ。寤寐《ごみ》の中に未だ曾て調戯せず、亦妄語せず。

このことを実証すべく直ちに引かれるのが、スタソーマ王本生譚である(スタソーマ王を、自明のこととして「菩薩」と呼んでおり、積極的に「連結」を付けることがない形になっている)。

②過去物語＝　昔、王がいて須陀摩といった。有徳の人として知られていた。あるとき池で水浴しようと「羽宝」の車に乗って城門を出ようとした。そのとき、婆羅門が来て宝を乞うた。王は「私が国に帰るのを待て。王の法に二言はない」と言った。しかし、水浴ののち帰ろうとするとき、彼は羯摩沙波羅《かつましやはら》という「翅飛鬼」に捕らえられてしまった。涙の理由を聞かれた菩薩(→須陀摩王)は、「婆羅門に対する約束のゆえに泣くのだ」と答え、一旦放された。菩薩は歓喜して帰り、宝を婆羅門に与えた(ここで「実にして虚有ること無く、施して悔有ること無し。是、審諦言有り」と讃えられている)。そして、王は羯摩沙波羅の所に戻った。「実言」を守って顔色の変わらない王を見て羯摩沙波羅は恐れ、殺意を失って偈を説いた。

この話の中に見える「審諦」――または単に「諦」――とは、四聖諦などの仏教の究極的真理・真実、また、真言、陀羅尼などとも根を同じくするものであるが、ここではそれらを指しているのではない。ここで、「審諦」、または「諦」が意味するものは、真実の言葉を語る、自ら口にした言葉を真実のものにする、虚言・妄語を吐かないということである。つまり、「審諦」、または「諦」は「真実（語）」に相当する言葉である。スタソーマ王本生譚を定義する表現として、冒頭の部分に、「この菩薩、諦を行ずる時、彼の諦とは心に虚妄有ること無く、言に二有ること無きなり」云々とあり、また、「審諦波羅蜜」のやや具体的な内容を表す言葉として、説話の中に「審諦言」という言葉と「実言」という言葉が見えている。そして、羯摩沙波羅の許に戻った須陀摩王が「実言」を守って顔色の変わらないのを見た羯摩沙波羅は恐れ、殺意を失った、とある。これは先ほど述べた「真実語」の威力を表現しているものなのであろう。このようにしてみると、スタソーマ王本生譚は『僧伽羅刹所集経』独自のいわば「十七波羅蜜」の「審諦波羅蜜」を例証する説話となっているが、それには「真実語」の背景があると思われる。

四　『ジャータカ』「マハースタソーマ・ジャータカ」

パーリ語『ジャータカ』は現在もスリランカや東南アジア諸国において信仰される、上座部仏教の聖典の一つである。ジャータカ説話（＝本生譚）を集成したものであり、その編纂の年代は五世紀だと言われている。[13] 第五三七話「マハースタソーマ・ジャータカ」の場合、最終的に『ジャータカ』に収められた形では、仏がアングリマーラを現在の世においてのみならず、過去の世においても教化し帰依させたということを示す話となっている。[14] すなわち、

①現在物語＝　あるとき仏はジェータ・ヴァナ（＝Jeta-vana、祇陀林）に滞在し、「私は今の世においてのみならず、前世においてもアングリマーラを帰依せしめた」と言って過去のことを語りはじめた。

という現在物語に続き、非常に長い過去物語（パーリ文献協会〈＝Pali Text Society〉版の原文で五十五頁）が展開してゆく。

クル国王の子、スタソーマとカーシー国王の子、ブラフマダッタ王子(→人喰い)との間に繰り広げられる波乱豊かな物語がつぶさに、ユーモラスに語られる。残念ながらその全貌はとてもここに示しきれない。焦点を当てるべき場面の梗概のみをここに挙げよう。

カーシー国王の座を追われた人喰いは、あるブラーフマナ(=婆羅門)を捕らえようとして怪我をする。そこで、樹神に祈って傷を癒したのち、樹神に対してお礼の犠牲祭を行おうとする…。

②過去物語=　…人喰いは犠牲祭のために王たちを捕らえはじめたが、昔の友であるスタソーマだけは避けていた。そのとき樹神は、人喰いの行為をやめさせようと考え、サッカ(=帝釈天)から「これをやめさせられるのはスタソーマだけだ」と教えられた。そこで樹神は僧の姿となって、人喰いに「スタソーマを犠牲に供えよ」と伝えた。そこで、人喰いはスタソーマ王が沐浴に出掛ける前夜、蓮池に身を隠した。王が早朝に警護の者に囲まれて都の門から出たとき、タッカシラーから来たナンダというブラーフマナに出会った。カッサパ仏が説いた四つの詩を王に授けようというのである。王はブラーフマナのために衣食等を用意させ、蓮池に出かけて沐浴をした。このときに人喰いは王をさらった。スタソーマの髪から落ちた水滴を涙と思い違った彼は、涙の訳を聞いた。王は、「ブラーフマナとの約束のことを嘆くのだ」と言って、「ブラーフマナとの約束を果たしてから、真実を守って戻って来よう」と誓った。

スタソーマ王は軍隊とともに都に入り、王宮に着くと、バラモンをもてなしたうえで、離欲、不死、涅槃等をもたらすという四つの詩(「良き人との出会いはその人を守る…」)を聞いた。王はブラーフマナに四千金を与えた。そして、嘆く両親や人々に別れを告げて人喰いの許に帰って行った。そのとき、恐れのない王を見た人喰いは、

「カッサパの詩の力か」と考えて、自分もその詩を聞くことを望んだ。スタソーマ王は、「食べてはならないものを食べるお前は非法だ」と非難し、真実の功徳を語った。王に恐怖心のないのは詩の威力なのか、真実の威力なのかと、人喰いは王に恐れのない訳を問うた。そして、王が自ら種々の善行、なすべきことをなしたことを語ったとき、彼は王を喰らう気を失った。…

先にも述べたように、「マハースタソーマ・ジャータカ」は、仏とアングリマーラの関係が過去の世からのものであること、この関係において仏が常に優れた力を発揮したことを説く話となっている。これは、現在の世の仏をめぐる何らかの事柄、人間関係が過去の世にもあったことを説く、ジャータカの本来の性格[15]がそのまま生かされているのである。しかし、このような物語の中にある、梗概として挙げた場面では――散文部分のみならず、散文部分よりも古いとされる韻文部分においても――要所要所で「真実を守る」ということが述べられている。[16]パーリ文献協会版の原文に付けられた番号でいえば、三九七、三九八、四〇三～四〇五、四一九、四二〇、四二九の番号のものなどがそれである。これらの番号の箇所で同類の表現が繰り返されるのであるが、そのうちの三つの例の日本語訳を挙げてみよう。するとまず、三九八番の偈は、スタソーマ王が「真実（＝sacca）を守る者として戻って来よう」と誓うものである。

私はブラーフマナに対し約束をした　国土を治めるわが王権に基づいて　ブラーフマナとのかの約束を果たし
真実を守る者（＝saccānurakkhī）として戻って来よう

また、四〇三番の偈も、スタソーマ王の誓いである。

剣と槍とに手を触れて　友よ私は誓いを立てる　お前に解放されて借りのない身となり　真実を守る者として戻っ

て来よう

そして、四一九の偈では、「真実（＝sacca）を語り真実（＝sacca）を守らんがため」、帰って来るスタソーマ王の姿が描写される。

父母に敬礼した彼は　市民と軍隊に訓戒し　真実を語り真実を守らんがため（＝saccavādī saccānurakkhamāno）か
の人喰いの許にやって来た

また、物語の中で、戻って来たスタソーマ王に恐れのないのを見た人喰いは、最初、ブラーフマナから与えられた詩の力のためかと考えて、自分もその詩を聞くことを望む。しかし、スタソーマ王は、「食べてはならないものを食べるお前は非法だ」と人喰いを非難し、真実の功徳を語ってゆく。スタソーマ王に恐怖心のないのは詩の威力なのか、真実の威力なのかと、さらに、人喰いは王に恐れのない訳を問う。ここにも、真実の言葉を守り、遂行することに一種の力・威力が伴うという思想・信仰の反映が見られるのではないであろうか。

五　『ジャータカ』「ニダーナ・カター」と『チャリヤー・ピタカ』の「スタソーマ・ジャータカ」

「ニダーナ・カター」（＝因縁物語）は『ジャータカ』の序文的な部分である。五世紀半ばからその末までに、『ジャータカ』の編纂者とは別人の手になったが、『ジャータカ』の序文として付け加えられたものだという(17)。さて、そのうちの「遠いニダーナ」という部分で、もしこれが漢訳されるならば「十波羅蜜」とも呼ばれるべき、「十の完成」（＝dasapāramī）について論じられている。つまり、「布施の完成」（＝dānapāramī）、「持戒の完成」（＝sīlapāramī）、「出離の完成」（＝nekkhammapāramī）、「智慧の完成」（＝paññāpāramī）、「努力の完成」（＝viriyapāramī）、「忍耐の完成」（＝khantipāramī）、「真実の完成」（＝saccapāramī）、「決意の完成」（＝adhiṭṭhānapāramī）、「慈悲の完成」（＝mettāpāramī）、「平静の完成」（＝upekkhāpāramī）という十の完成について総論的に述べ、それぞれに対応するジャータカ説話をごく簡略に挙げている。「マハースタソーマ・ジャータカ」は、そのうちの「持戒の完成」でなく「真実の完成」のところで引かれている。その日本語訳を示すならば、次のような短いものである[18]。

「マハースタソーマ・ジャータカ」において、「私は真実の言葉を守らんがため（＝saccavācaṃ anurakkhanto）自らの命を捨て百人の戦士を解放した　これぞ最高の真実の完成である」とある。そのように、（スタソーマ王が）生命を捨てて真実を守ったとき（＝saccam anurakkhantassa）、真実の完成が最高の完成となった。

つづいて、やはりパーリ語で伝えられている『チャリヤー・ピタカ』の「スタソーマ・ジャータカ[19]」を挙げておきたい。『チャリヤー・ピタカ』もまた、『ジャータカ』よりややのちの成立とされているものであるが[20]、『ジャータカ』よりのちに「十の完成」説が整備された際、『ジャータカ』の説いていた真実語は「真実の完成」に発展したようである。『チャリヤー・ピタカ』では「真実の完成」を含む、この「十の完成」について述べ、それぞれに対応するジャータカをやはり簡略に挙げている。

またスタソーマ王であったとき　人喰いに捕らえられた私はブラーフマナにした約束を忘れなかった　掌《たなごころ》をもって百人の戦士を縛り弱らせたのち　私を犠牲にしようと彼は運んで来た　人喰いは私に尋ねた「お前は解放を望むか」と「再び戻って来るというのならお前の望みのままにしてやろう」と　夜明けに戻ると約束し　私は麗しの町に帰り　政《まつりごと》を託した　先に勝利者たちのなした正しき務めを思い起こしつつ　ブラーフマナに富を授け

私は人喰いの許に赴いた　彼の者に殺されるや否や私に疑いはなかった　真実の言葉を守り（＝saccavācānurakkhanto）自らの命を捨てんがため彼の許に赴いたのだ　真実において私に等しい者はない　これぞ私の真実の完成である

最後に、「真実の言葉（＝saccavācā）を守り自らの命を捨てんがため彼の許に赴いたのだ　真実において私に等しい者はない　これぞ私の真実の完成である」という表現をもって締めくくられている。このように見てくると、もともとパーリ語仏典の世界で真実語を背景とし、あるいは真実語の力を訴えていたスタソーマ・ジャータカは、「ニダーナ・カター」や『チャリヤー・ピタカ』の段階に至って「真実の完成」の例証話としてその位置を固めたようである。

おわりに

最後に、本章の趣旨をもう一度確認してみたい。『三宝絵』上巻第二話は『大智度論』のスタソーマ王本生譚の系譜を引き、菩薩行としての六波羅蜜の一つ、持戒波羅蜜を例証する説話という性格を持っている。しかし、これはスタソーマ王本生譚の本来の姿ではない。『旧雑譬喩経』などの譬喩経典の中のスタソーマ説話では、菩薩道の特定の徳目として限定されない、それを超えた倫理としての「至誠」が強調されているのを見た。これは「真実語」、そして「真実の誓い」に連なる性格のものであった。また、『僧伽羅刹所集経』は独特の菩薩行を説き、その中に「審諦波羅蜜」を持っている。これは、パーリ語仏典の「十の完成」の一つである、「真実の完成」に相当するものであるが、『僧伽羅刹所集経』はスタソーマ王本生譚を持戒波羅蜜ではなく、この審諦波羅蜜の例証話としている。その中には「真実語」の主張が隠されていると考えられる。そうして、パーリ語仏典の世界では、アングリマーラを帰依させた仏を讃える「マハースタソーマ・ジャータカ」に「真実語」の主題を見出すことができた。遅れて成立した「（ジャータカ）ニダーナ・カター」や『チャリヤー・ピタカ』は、スタソーマ・ジャータカを「真実の完成」の解説に当てている。以上によって、スタソーマ王本生譚はもともと真実語を背景とする説話、あるいは真実語を核とする話として伝えられていたと思われる（ただし、スタソーマ本生譚の真実語は最も劇的な現れ方をする典型的な「真実語」の事例ではない。このことについては、続く「第六章　スタソーマ王本生譚の思想的背景」において論じたい）。

そこで、「真実の完成」を含む「十の完成」説を採るパーリ語仏典では、スタソーマ・ジャータカはそのまま「真実の完成」の例証となったようである。一方、真実波羅蜜を欠く六波羅蜜説が主流となった漢訳仏典の世界では、説話の役割に若干の修正が加えられ、スタソーマ王本生譚が持戒波羅蜜（のうちの不妄語戒）の例証話となっていくという、一つの流れがあったと考えられる（『僧伽羅刹所集経』はパーリ語仏典の真実の完成の系譜を引く「審諦波羅蜜」を取り入れたため、スタソーマ王本生譚はこれの例証としての役割を引き継ぎ、持戒波羅蜜の説話とはならなかった）。『三宝絵』の須陀摩王本生譚は『大智度論』を仲介としてこの系譜の最後に位置するものである。[21]もともと、スタソーマ王本生譚において食人鬼カルマーシャパーダを改心・帰依させた力は「真実語」、すなわち、真実を語り実行することにあったと考えられるわけであるが、ここに至って持戒の力ということになったのである。

注

（1）一九〇九年に渡辺海旭が公刊したスタソーマ王説話（↓カルマーシャパーダ説話）についての英語論文は現在に至るまで重要な存在である（本書・第四章・一参照）が、この論文では、「真実語」に当たるものをtruthfulnessという英単語で表現している。しかし、渡辺論文の主旨はそれとは別のところにあり、「真実語」の存在には注目していない。真実語の概念が初めて明らかにされたのは、一九一七年のことである（注（8）参照）。また、最近、スタソーマ王の説話（→カルマーシャパーダの説話）を明確に「真実語」と結び付ける示唆をした論考もある（安藤充「斑足王食人肉譚の展開について」（『仏教研究』第二一号、一九九二年）。しかし、この論考の論点はそこになく、それ以上の言及はされていない。

（2）『大正新脩大蔵経』第四巻、五一七頁上〜下。

（3）この「布施至意」の「至意」は説話本文中の「至誠」の言い換えと考えられる。また、この後挙げる『雑譬喩経』スタソーマ説話にも「慈施至誠」という対応する表現がある。

（4）渡辺海旭は、この説話をバラモン教文献のカルマーシャパーダ説話とは無関係の、仏教独自の伝承とした。渡辺論文・二八七頁〜。

（5）『大正新脩大蔵経』第四巻、五〇三頁下〜五〇四頁中。

（6）注（3）参照。

（7）マガダ（＝Magadha）国の首都、パータリプトラ。もとマガダ国内の村であったが、阿闍世王の子の時代に王舎城（＝Rājagṛha、ラージャグリハ）から都が移り、首都となった。

（8）真実語の研究史はE.W. バーリンガムによる次の論文に始まる。

Eugene Watson Burlingame, "The Act of Truth（Saccakiriya）: A Hindu Spell and its Employment as a Psychic Motif in Hindu Fiction", *Journal of the Royal Asiatic Society*, 1917.

その後、W. N. ブラウンによる次のような幾つかの研究が続く。

W. Norman Brown, "The Basis for the Hindu Act of Truth", *Review of Religion*, 1940.

W. Norman Brown, "The Metaphysics of the Truth Act（*Satyakriyā）", *Mélanges d' Indianisme à la Mémoire de Louis Renou*, Paris, 1968.

W. Norman Brown, "Duty as Truth in the Rig Veda", *India Maior*, ed. J. Ensink and P. Gaeffke, Leiden, 1972.
また、H. リューダースの研究も重要である。
Heinrich Lüders, "Die magische Kraft der Wahrheit im alten Indien", *Zeitschrift der Deutschen Morgenländischen Gesellshaft*, 1944.
以上の諸論については、若原雄昭「真実（satya）」（『仏教学研究』五〇号、一九九四年）に研究史的概説があり、本章、および次章・第六章はこの若原論文に多く助けられている。また、二〇〇三年一一月二九日、仏教史学会シンポジウムにおける若原氏の配布資料ではE. Washburn Hopkinsや、原実、八木徹、金沢篤各氏の論考が追加されている。真実語の研究としては他に、奈良康明「『真実語』について」（『日本仏教学会年報』第三八号、一九七三年）、森章司『原始仏教から阿毘達磨への仏教教理の研究』「第二章　原始仏教における真実と智慧」（東京堂出版、一九九六年）、石橋優子「仏教説話文学に見られる『真実の陳述』」（『仏教文学』第二一号、一九九七年）等。「真実語」の研究史の全貌を把握するのは容易ではない。

（9）W. Norman Brown, "The Metaphysics of the Truth Act（*Satyakriyā）", *Mélanges d' Indianisme à la Mémoire de Luis Renou*, 1968.

（10）本書・第二章、および第三章参照。

（11）杉本卓洲『菩薩』（平楽寺書店、一九九三年）「第六章　本生菩薩の理想化と現実性」、二三二頁。

（12）『大正新脩大蔵経』第四巻、一一六頁上〜下。

（13）干潟龍祥『本生經類の思想史的研究』（東洋文庫、一九五四年）本論「第四章　本生經類集成本の研究」、九七頁。前田惠學『原始仏教聖典の成立史研究』（山喜房仏書林、一九六四年）第三編「第三章　小部原形の成立」、七三八頁。

（14）*The Jātaka*, vol.5, ed. V. Fausbøll, London, 1891. パーリ文献協会（＝Pali Text Society）版で四五六〜五一一頁。『ジャータカ全集』（春秋社、一九八二年）第八巻に片山一良氏による日本語訳が収められている。

（15）本書・第二章参照。

（16）同様のことは『賢愚経』（北魏・太平真君六年〈四四五〉、曇学・威徳ら訳）巻第十「無悩指鬘品」の「須陀素彌本生譚」

について も言える。この話は『賢愚経』巻第一〇「無悩指鬘品」において、仏が鴦仇魔羅《おうくまら》（＝アングリマーラ、無悩、指鬘）の過去の因縁の物語を語りつづける中に現れる。無悩指鬘品全体としての趣旨は、仏と鴦仇魔羅の関係が過去の世のものからであること、仏が優れた力を持っていることを説き示すことにある。そうした枠組みの中で、鴦仇魔羅の前世の姿である駁足の物語は、全体の主題に奉仕する一挿話としての役割を果たしていることになる。しかし、この話がスタソーマの本生譚として本来持っていたと思われる真実語の主題を現す表現は諸所に散見している。

(17) 干潟龍祥『本生経類の思想史的研究』本論・第四章、一〇四～一〇五頁。

(18) *The Jātaka*, vol. 1, ed. V. Fausbøll, London, 1877. パーリ文献協会（＝Pali Text Society）版で四六頁。『ジャータカ全集』（春秋社、一九八二年）第一巻に藤田宏達氏による日本語訳が収められている。

(19) *Buddhavaṃsa & Cariyāpiṭaka*, ed. N. A. Jayawickrama, Oxford, 1995, p.34.

(20) 前田惠學『原始仏教聖典の成立史研究』第三編第三章、七六九～七七〇頁。

(21) 『大宝積経』（唐・神龍二年～先天二年〈七〇六～七一三〉、菩提流支編纂）の「護国菩薩会」第十八（隋・開皇五～二〇年〈五八五～六〇〇〉、闍那崛多訳）とサンスクリットの『ラーシュトラパーラ・パリプリッチャー』（＝*Rāṣṭrapālaparipṛcchā*, Bibliotheca Buddhica II, ed. L. Finot, St. Pétersbourg, 1901.）にもスタソーマ王本生譚は載せられている。仏が護国菩薩（＝ラーシュトラパーラ）の質問に答えて十二通りの菩薩行について説きおわったあと、五十の本生譚を一連なりに簡潔に引き、最後に福焔王子の本生譚を語るという構成を取るものである。ここに、次のようなスタソーマ本生譚が見えている。

　亦曾て王と作つて蘇摩と名づけ　乃至命を失へども妄語せず　諸王は我に因つて皆解脱したれば　名聞広く十方に流れたり

つまり、闍那崛多訳でスタソーマ王本生譚は不妄語を例証する話として引かれているわけである。しかし、サンスクリット本ではスタソーマの本生譚は、

　私は名高いスタソーマ王であったとき　速やかになすべきことをなすことによって　殺される運命にあった百人の王た

ちを解放した

とある。つまりここには、闍那崛多訳にあった「乃至命を失へども妄語せず」に相当する記述がない。闍那崛多訳には二つの異訳があるが、その一本、宋・施護訳『仏説護国尊者所問大乗経』にもそれはない。残る一本、西晋・竺法護訳『仏説徳光太子経』には五十の本生譚そのものが存在していない。スタソーマ王と不妄語、あるいは真実語の主題は、『ラーシュトラパーラ・パリプリッチャー』の中では不可分のものとして意識されていなかったのであろう。

第六章　スタソーマ王本生譚の思想的背景

はじめに

スタソーマ王はあるブラーフマナ（＝婆羅門）に布施をするという約束をするが、それを果たす前に食人鬼に捕らわれてしまう。王は食人鬼に「ブラーフマナとの約束を果たしてから戻って来る」と第二の約束をし、一旦放たれた後に最初の約束を果たし、もう一つの約束をも守るべく食人鬼の許へと帰って来る。食人鬼はあるいは感じ、あるいは恐れ、王を喰らうことをやめる――スタソーマ王は仏の前世の姿、と説かれる本生譚であり、さまざまな仏典に見える説話である。『大智度論』を直接的にか間接的にか経由して日本の説話世界にも流れ込み、『三宝絵』の説話にもなった。本書の先の二章「第四章　スタソーマ王本生譚の原型と展開㈠」、「第五章　スタソーマ王本生譚の原型と展開㈡」において、『三宝絵』でも「持戒波羅蜜」の説話として知られるスタソーマ王本生譚は、本来「真実語」を核とする説話だったのではないかと述べた。本章ではさらに進んで、スタソーマ王が生命を賭して約束を守ろうとしたその意味は、「真実語」の思想的背景からすればどう読めるか、について考えたい。

「真実語」とは一体何なのか。本書は「真実語」そのものを究明しようとするものではないが、以下の論述のために必要な点をもう一度確認しておきたい。「真実語」は「真実」を述べる言葉であり、その言葉が「真実」であることから来る一種の威力を持ち、それによって何らかの奇跡的な現象を引き起こすことができるというものである。一九一七年、E. W. バーリンガム（＝Eugene Watson Burlingame）が初めてこれに着目する論考を発表した後、[1]多くのインド学者たちが研究するところとなり、『ジャータカ』等に多くの例のあることが知られている。

「真実語」の一例としては、シビ王本生譚の場合がしばしば挙げられる。この話は――仏となることを目指すシビ王の許に、その決意を試そうとする帝釈天がヴィシュヴァカルマン神ともどもやって来て、シビ王は全身の肉を切り取って決意を証明することになる。その心に悔いはないという「真実」を誓うシビ王の言葉によって王の肉体は直ちに回復した、等と語られるものである。先行研究が数多くの事例を挙げてきた「真実語」はこうした奇跡を伴う劇的と言える性格のものであるが、それらは、身の証を立てる、いわば「立証型」と、何らかの願望が（直ちに）実現されることを求める、いわば「要求型」とに分類できるであろう。[2]本章では両者を「シビ王本生譚型の真実語」、あるいは「シビ王型の真実語」と呼ぶことにする（シビ王本生譚そのものの「真実語」は厳密に言えば立証型である）。

「真実語」の核となる「真実」の原語は「サティヤ」（＝satya）であるが、H. リューダース（＝Heinrich Lüders）によれば、「サティヤ」は古く『リグ・ヴェーダ』に現れる宇宙の原理としての「リタ」（＝ṛta、天則）が姿を変えたものだと言われる。[3]この「リタ」に連なる「真実語」は、それほどの長い歴史を持つヒンドゥー教文化の信仰であり呪術でもあったが、のちには仏教のものともなったのである。なお、「サティヤ」の反意語は「アンリタ」（＝anṛta）であるが、これは「リタ」の否定された形である。同じくH. リューダースによれば、『リグ・ヴェーダ』の「リタ」にほぼ取って替わったのが『マハーバーラタ』等の「サティヤ」であり、「リタ」の否定形である「アンリタ」は残って「サティヤ」の反対の意味の語として用いられるという[4]。本章では「アンリタ」を統一的に「不真実」と訳した。「嘘」「虚偽」といった翻訳の可能な場合もあるが、「サティヤ」との関係を明確にするためである。シビ王本生譚型「真実語」の場合のような奇跡は、W. N. ブラウン（＝W. Norman Brown）の見解[5]を参考にするならば、己のなすべきことをなして「真実」を全うし、前出の「宇宙の原理」と調和し一体となることによって引き起こされるということになる。

しかし実は、「真実語」はそうした劇的な現れ方をするものばかりではない。本書で対象としているスタソーマ王本生譚の「真実語」も、奇跡・奇瑞によって説話の中に劇的な場面を作り出す「シビ王本生譚型真実語」とは異なっている。スタソーマ王本生譚の「真実語」を理解するためには、シビ王型の突出した「真実語」の事例だけではなく、それを突出させつつ、その周辺にあるさまざまな局面の「真実語」をも見てゆく必要がある。「真実語」は「真実を述べる」「真実を告げる」「真実を誓う」、また「真実（語）を守る」といった動詞表現として現れることもあり、単に「真実」、あるいは「真実の誓い」等という形を取っている場合もある。全て同じ観念がさまざまなヴァリエーションの表現となって表出したものである（単に「真実」とあっても、それは嘘をつかないといった実践すべき「真実」のことである）。

スタソーマ王本生譚をその思想的背景から理解するために、こうしたさまざまな局面の「真実」「真実語」の事例を本章では、サンスクリットで書かれたヒンドゥー教の叙事詩『マハーバーラタ』[6]から取り上げることにする（プーナ批判版[7]を底本とする）。『マハーバーラタ』は古代インドの説話の宝庫と言える存在だからである。そうして、以下、「守るべき徳目の中の『真実』『真実語』」、および、「『真実』『真実語』の功徳と威力」を確かめ、スタソーマ王本生譚の「真実語」と同様の「未来の事柄についての『真実語』『真実の誓い』」（誓言・予言・祈願）のあることを見たのち、「自らの言葉・誓いを『真実』のものとせよ」、「偽りの『真実の誓い』は誓い手を滅ぼす」という観念がスタソーマ王本生譚の「真実語」に通ずることを述べてゆきたい。

一　守るべき徳目の中の「真実」「真実語」

まず、守るべき徳目や行動規範が挙げ連ねられるとき、そこに現れる「真実」「真実語」の事例を二つ挙げてみたい。

『マハーバーラタ』の中で戦いあう二王家のうち、一方はパーンダヴァと呼ばれる、いわば「善玉」の兄弟、敵対するカウラヴァという従兄弟たちが「悪玉」である。パーンダヴァはカウラヴァの悪巧みによって賭博に負け、十三年間追放されることになる。最初の十二年を過ごすために森へ行くパーンダヴァの兄弟に、シャウナカ・ブラーフマナがついて来て教えを説く。シャウナカの台詞の一部が次の通りである。

「祭祀、ヴェーダの学習、布施、苦行、真実、忍耐、自制、無欲。これらはかの義務の八通りの道であると伝えられている。そのうち先の四つのものは祖道[8]に属する。…一方、後のものは神道《しんどう》であって良き人々によって常に行われる。」（3. 2. 71-73）

また、森に住むある日のこと、パーンダヴァは一人のブラーフマナに頼まれて、そのブラーフマナが失った火鑽棒《ひきり》を探しに行く。そしてヤクシャ（＝yakṣa、夜叉）の守る湖に辿り着き、そこで次々に倒れてしまう。このとき、長男のユディシティラだけが無事で、ヤクシャ（→実はユディシティラの父・ダルマ神）と問答を交わすが、ヤクシャの言葉の一部が次の通りである。

「名声、真実、自制、清浄、誠実、廉恥、冷静、布施、苦行、梵行。これらは私の身体である。不殺生、公平、寂静、苦行、清浄、無私。これらは私の口であると知れ。」（3. 298. 7-8）

このように「真実」の徳目が頻繁に出て来るのは、神、ブラーフマナ、仙人（＝ṛṣi、リシ、聖仙）、賢者といった人物によって「人はいかに生きるべきか」という教えが述べられるとき等である。この徳目はブラーフマナやクシャトリヤに限られるわけではなく、その他の身分の人々のものでもあり、また、男女いずれにも求められる、全く普遍的な性格のものである。そもそも、パーンダヴァが森での生活・十二年、行方・身分を隠しての一年、計十三年もの長い追放期間に耐えるのも、彼らが「真実」を守る人々であるからだとしばしば語られている。こうした徳目羅列の中に見る「真実」の事例は膨大であり、また、それぞれは特徴に乏しいため、ここでは以上の二例を挙げるに留める。

二　「真実」「真実語」の功徳と威力

スタソーマ王本生譚の幾つもある類型説話では「真実」の功徳、あるいは威力について語られることが多い。たとえば、パーリ語仏典の「マハースタソーマ・ジャータカ」では、仏の前世の姿であるボーディサッタ（＝bodhisatta、菩薩）は「真実の功徳」を語るのに、「地上にあるどんな味であろうとも、真実に勝る味はない。真実に拠るサマナ（＝samaṇa、沙門）、ブラーフマナ（＝婆羅門）は生死の彼方へ渡りきる」[9]と言ったという。ここで食人鬼は、王に恐怖心がないのは「真実の威力」のためかと恐れを抱く。以下、「真実」にはいかに功徳があり、威力があるかを述べる『マハーバーラタ』の記述を二例ほど挙げてゆきたい。

バラタ族の戦いのはるか後の時代、パーンダヴァの三男・アルジュナの子孫、ジャナメージャヤ王によって「蛇供儀」が行われる。その場で、パーンダヴァの祖先のことがヴァイシャンパーヤナ仙によって語られる――パーンダヴァの先祖ドゥフシャンタ王がカヌヴァ仙の養女シャクンタラーを娶る。シャクンタラーは、のちに王の許に我が子をもたらし、その子が王の子であると言う。そのときの彼女の台詞の一部である。

「息子を捨ててはなりません。ご自身と真実と義務とを守り、物事を偽ってはなりません。百の井戸より池が、百の池より祭祀が、百の祭祀より息子が勝ります。真実は百の息子に勝り、真実は千の「馬供犠」と釣りあいます。いや、真実は千の「馬供犠」より優れています。全てのヴェーダの学習と全ての聖地での沐浴は真実語[10]と等しいですか、それとも、等しくないですか。真実に勝る義務はなく、真実に優るものはありません。実に、不真実より恐ろしいものはこの世に存在しません。真実は最高のブラフマン、真実は最高の誓約です。誓約を捨ててはなりません。真実があなたにとって全きものであるように。あなたが不真実に執着するなら、自らご自身に信をお置きにならないならば、私は立ち去ります。」(1. 69. 20-26)

この場面のあとで、神の声によってシャクンタラーの息子がドゥフシャンタ王の子であることを保障される展開となるので、これは奇跡を伴う「シビ王本生譚型真実語」(立証型)の一例でもある。また、「四ヴェーダとその補助学と副補助学とに精通することと、たった一つの真実とが釣りあう[11]」という言い方等もある(3. 61. 16)。

あるいは、森で暮らすパーンダヴァをマールカンデーヤ仙が訪れ、さまざまな教えを説く場面では、マールカンデーヤ仙の語る話の一つにおいて、ブラーフマナに法を説く猟師が登場して次のように言う。

「祭祀、布施、苦行、ヴェーダ、真実。これら五通りの浄化法が、行い正しき人に常にあります。…尊敬すべき人への奉仕、真実、怒らぬこと、布施。この四つのものは行い正しき人に常にあります。…行い正しき人々は、正しき道に則り、真実と義務を目指します。…不殺生と真実語[12]は生きとし生けるものを益する最高のものです。不殺生は最高の義務であり、それは真実に立脚しています。真実に立脚してこそ、諸々の活動は開始するのです。しかし、行い正しき人に追究された真実こそが、より大切です。」（3. 198. 57, 60, 64, 69-70）

その他、「実に良き人々は、真実によって太陽を運行させる」（3. 281. 47）、「天界に導くのは『真実』という一語である」（3. 297. 49）、「ブラフマンが太陽を昇らせる。神々がその側近く仕える。法が太陽を没せしめる。それは真実において確立する」（3. 297. 27）[13]といった表現も、「真実語」の物理的威力が意識されたものであれば、単なる比喩以上のものであるのかもしれない。

三　未来の事柄についての「真実語」「真実の誓い」（誓約・予言・祈願）

スタソーマ王本生譚の真実語が「シビ王本生譚型真実語」と大いに異なるのは、シビ王型では登場人物が自分自身の過去・現在の生き方について、あるいは何らかの普遍的な事象について「真実」を誓い、その誓いが「真実」であることによって、直ちに何らかの奇跡が出現するという仕掛けであるのに対し、スタソーマ王本生譚では、スタソーマ王の未来の行動についての誓約が述べられ、その場には何の異変も現れないという点である。前出「マハースタソーマ・ジャータカ」の例を取れば、スタソーマ王は食人鬼に向かってこう誓う。

剣と槍とに手を触れて　友よ私は誓いを立てる　お前に解放されて借りのない身となり　真実を守る者として戻って来よう

こういった「真実語」の中で、スタソーマ王のこれまでの生き方についての「真実」が引き合いに出されるのでもなく、その場で何か眼を見張るような出来事が起こるのでもない。

さて、ここで具体的に挙げる四例は『マハーバーラタ』に見る、未来の事柄についての「真実語」のうち、約束、誓約の性格のものである。

最初の例であるが、バラタ族には、血の繋がらない曾祖父・ビーシュマがいる。ビーシュマの父のシャンタヌ王が、かつて、サティヤヴァティーという女性と再婚することを望んだ。しかし、サティヤヴァティーの父は、自分の娘に生まれた息子が王位に即くことを条件として結婚を許すと言った。そこで、ビーシュマは父の願いを叶えるために、自らは王にならず、また結婚もしないと決意する。そのときに、ビーシュマはサティヤヴァティーの父である「猟師の王」に次のように言う。

「私のこの真実の決意を受けとめて下さい。…あなたがおっしゃる通りにいたします。彼女に生まれた息子が我らの王となるでしょう。」(1. 94. 78-79)

つづいて第二の例であるが、それだけの犠牲を払って再婚したシャンタヌ王が死に、シャンタヌ王とサティヤヴァティーの間に生まれた息子二人も死んでしまう展開となる。そこで、サティヤヴァティーが、息子たちの嫁二人に子供を授けてほしいとビーシュマに頼んでいる場面である。

（ビーシュマが言う。）「サティヤヴァティーよ、私はあなたに再び真実を誓います（＝satyaṃ pratijānāmi）。私は三界も神々の中での王位も、その二つよりもっと素晴らしいものをも捨てるでしょう。しかし、決して真実を捨てることはありません。…私は決して真実を捨てはしないでしょう。」…（サティヤヴァティーが言う。）「私はあなたが私のために真実を誓われた（＝satyam abhāṣathāḥ）ことも知っています。しかし、『窮迫時の生き方』のことを考えて下さい。」（1. 97. 14-15, 18, 21）

第三の例は、未来の事柄についての「真実語」（誓約）のうち、何らかの「真実」を引き合いに出し、それを威力の源としている例である。たとえば、クリシュナがビーマに、ビーマ自身が以前に行った誓いを思い出させる場面に出て来るビーマの台詞である。

「太陽が光を放ちつつ東に見え、北極星を回って西に沈むように、私はこの真実を誓う（＝satyaṃ bravīmi）。違うなりゆきとはなることはない。私は棍棒を持って恨みに満ちたドゥルヨーダナ（＝カウラヴァの長男）に近付き、奴を殺すであろう。」（5. 73. 12-13）

第四の例として、第三の例と同じ性格のアルジュナの台詞もある。

「クリシュナよ、私は武器に手を触れ[14]、真実によって誓う（＝satyena śape）。あの邪《よこしま》な愚か者を守る偉大な弓取りのドローナを、私は真先に攻撃するであろう。…月に標《しるし》があり海に水があるように、私にはこの真実の誓いがある（＝pratijñām me satyām）と知るがよい。」（7. 53. 37-38, 51）

同様の例は数多くある[15]。未来の事柄についての「真実語」の中には、述べられる「真実」が、述べ手の未来の行動や生き方でなく、事のなりゆきであって、「予言」といった内容になっている場合もある。また、何かの願望が将来のいつか達成されることを「祈願」するというものもある。[16] 以上の「誓約」「予言」「祈願」のために、「真実」の述べ手の過去、現在の「真実」、あるいはそれとは無関係な普遍的、一般的「真実」が引き合いに出される場合があり、その点は「シビ王型真実語」に接近する。スタソーマ王本生譚の「真実語」は、未来における自らの行動、生き方についての「誓約」の一群のうち、「真実」が引き合いに出されるのではないタイプに属していると言うことができそうである。

四　自らの言葉・誓いを「真実」のものとせよ　偽りの「真実の誓い」は誓い手を滅ぼす

こうした誓約を実行し成就することを強く期待、要求される場面はまた、『マハーバーラタ』の中に多く見受けられる。[17] そして、約束を履行せず誓いを果たさない者、偽りの「真実の誓い」をなす者は、それによって身を滅ぼすことになるのだ。そうした「真実の誓い」を以下に三例挙げる。

バラタ族の大戦争のはるかのちの時代、アルジュナの子孫・ジャナメージャヤ王の「蛇供犠」が行われてまもなくのこと、ナイミシャの森に仙人たちが集まり、そこで吟誦詩人・ウグラシュラヴァスがさまざまなことを語る。その一つ、ブリグという神話的人物の系譜の一部であるが――ラークシャサ（＝rākṣasa、羅刹）のプローマンが昔思いを寄せた女性が、今ブリグの妻になっている。その女性を発見したプローマンが、火神に彼女の正体を、つまり彼女がかつて自分の愛した女性その人なのかということを尋ねる。このとき、火神が事実そのままを、つまり、彼女こそプローマンの愛した女性だと答えたため、ブリグの妻はプローマンに奪われてしまう。あとで火神はブリグに責められて次のように言う。

「義務に忠実であろうとし、ありのままの真実を述べた者に、このような私に何の罪があるだろうか。尋ねられて真実を述べたのであるのに。証拠となる事柄を知りながら、尋ねられるとそれを違えて言う証人は、七代にわたる祖先を、また子孫を殺すことになるだろう。また、物事の実際を知りつつも、知っているのにかかわらず言わない者は、まさにその同じ罪に汚される。そのことに疑いはない。」（1. 7. 2-4）

これに先立って火神はプローマンに「真実」を語れと迫られ、「不真実」を怖れたとも書かれてある（1. 5. 25-26）。

また、ガンダルヴァ[18]（＝gandharva、乾闥婆《けんだつば》）のチトララタがアルジュナにさまざまなことを教える際の一挿話である――夫を食人鬼に殺されたアドリシャンティーという女性が、亡き夫の息子パラーシャラ（→伝承上『マハーバーラタ』の作者はパラーシャラの息子・ヴィヤーサ）を生む。パラーシャラは、父が食人鬼に殺されたという事実を知って世界を滅ぼそうとするが、祖父のヴァシシタ仙がそれを制止して古伝説を語る――王族たちが財産目的でブリグ族を襲う。のちに生まれたブリグ族のアウルヴァは、復讐を誓い世界を滅ぼそうとする。アウルヴァの苦行に満足して祖霊たちが出現したときの、アウルヴァと祖霊たちの対話である。

（アウルヴァが言う。）「祖霊たちよ、あのとき私は怒りのあまり、全世界を滅ぼすことを誓いました。その誓いを違えるわけにはゆきません。節度なく怒りに任せて誓ったら、私は生きてはいられません。なぜなら、目的を遂げなかった怒りは、火が火鑽棒を燃やすように私を燃やすでしょうから。」…（祖霊たちが言う。）「お前の怒りから生じた諸世界を消滅させようとする火を水に投じてくれ。…そのようにすれば、このお前の誓いは真実になるだろう。」（1. 171. 1-2, 17, 20）

というように、果たされずに偽りとなった「真実語」が誓いを立てたその人の身を害することが述べられている。

最後の例であるが、何とかパーンダヴァとカウラヴァの戦いを回避しようとして、パーンダヴァ側からカウラヴァ側にクリシュナが使者としてやって来る。その場面においてナーラダ仙が引く話で、ブラーフマナのガーラヴァが自分の頑固さのために苦労したことが語られる――ガーラヴァは師匠に謝礼をしたいと強く主張したために、師匠への謝礼として、月のように白く片耳の黒い八百頭の馬という、非常に手に入れ難いものを探さなければならなくなる。ガーラヴァは悩んで次のように言う。

「やりますと誓ってのち、その義務を果たさず、偽りの言葉に焼かれる人の祭祀の功徳は滅びる。不真実の人(=嘘つき)に美はなく、不真実の人に子孫はなく、不真実の人に支配権はない。どうして良い運命があるだろうか。」(5. 105. 8-9)

このように、虚偽、「不真実」、偽りの「真実語」は何らかの恐ろしい結果を、誓い手その人の身の上にもたらす、としばしば説かれているのだ。(19)

以上の『マハーバーラタ』に見るさまざまな局面の「真実語」を参照しつつ、最後に再び、スタソーマ王本生譚の「真実語」について振り返ってみたい。ブラーフマナには布施をするという約束をし、食人鬼には戻って来るという約束をした、すなわち「真実の誓い」をしたスタソーマ王は、「真実(語)」が守られるべきことと、「真実(語)」に物理的威力のあることが信じられている世界に生きる人物である。そのために、彼はどうしてもその誓いを果たさなければならない状況に陥るのである。もしそれを全うすることができなければ、何か超自然的な形で身を滅ぼすことまでが予想されるからでもある。ここでは、そのような「宇宙の原理」（＝ṛta）に連なる「真実」（＝satya）に完全に則ることが期待されるのであり、主人公が万難を排してそれに則ることによって食人鬼を克服するに至ったということを語るのが本来のスタソーマ王本生譚であったと考えられる。

注

（1）Eugene Watson Burlingame, "The Act of Truth（Saccakiriya）: A Hindu Spell and its Employment as a Psychic Motif in Hindu Fiction", *Journal of the Royal Asiatic Society*, 1917. 本書・第五章に研究史の上で重要な論考を挙げておいた。

（2）石橋優子「仏教説話文学に見られる『真実の陳述』」（『仏教文学』第二一号、一九九七年）では、両者を「宣言証明用」「願望実現用」と呼んでいる。

（3）Heinrich Lüders, "Die magische Kraft der Wahrheit im alten Indien", *Zeitschrift der Deutschen Morgenländischen Gesellshaft*, 1944.

（4）Heinrich Lüders 論文（注（3）参照）。

（5）W. Norman Brown, "The Metaphysics of the Truth Act（*Satyakriyā）", *Mélanges d' Indianisme à la Mémoire de Louis Renou*, Paris, 1968.

W. Norman Brown, "Duty as Truth in the Rig Veda", *India Maior*, ed. J. Ensink and P. Gaeffke, Leiden, 1972.

（6）バラタ族という王族の二つの家の間で戦われた領土を巡る大戦争を語る叙事詩。あらゆる神話、伝説、物語、膨大な教訓的記述、聖典的箇所を含み持ち、ヒンドゥー教の聖典的な存在である（本書・第二章参照）。

（7）*The Mahābhārata: Text as Constituted in its Critical Edition*, Poona, 1971-1976. 本章では、「ドローナの巻」（＝Droṇa-parvan）までの事例に限定して挙げている。

（8）「祖道」は普通の人の辿る道であって輪廻転生の一環、「神道」は解脱への道。

（9） *The Jātaka*, vol. 5, ed. V. Fausbøll, London, 1891. パーリ文献協会（＝Pali Text Society）版による。

（10） 「真実」が「真実語」と同じ内容を持つことを示す例（注（12）、（16）参照）。

（11） J. A. B. van Buitenen 訳と上村勝彦訳での解釈に従う。*The Mahābhārata*, vol.2, transl. J. A. B. van Buitenen, Chicago, 1975. 上村勝彦訳『原典訳マハーバーラタ』第四巻（筑摩書房、二〇〇二年）。鎧淳訳『マハーバーラタ　ナラ王物語』（岩波文庫、一九八九年）ではナラ王が四ヴェーダと補助学と副補助学を身に付けているとする。原文が異なる可能性もある。

（12） 「真実」が「真実語」と同じ内容を持つことを示す第二の例（注（10）、注（16）参照）。

（13） これらの言葉のうち最初のものは、「森の巻」において、マールカンデーヤ仙がパーンダヴァ五兄弟の共通の妻・ドラウパディーのような貞節な女性の物語として語った「サーヴィトリー物語」の中で、サーヴィトリーが夫を連れ去るヤマ神に言ったもの。第二、第三のものは、いずれも、同じく「森の巻」において、ユディシティラが湖を守るヤクシャ（→ダルマ神）と問答を交わす中でのユディシティラの答え。

（14） パーリ語『ジャータカ』「マハースタソーマ・ジャータカ」の「真実の誓い」に酷似する。

（15） 未来の事柄についての真実語（誓約型）のその他の例は、たとえば、

① 3. 288. 1, 5: パーンダヴァ五兄弟の上の三人の母・クンティーが三人の息子を生む前に密かにカルナを生んでいた経緯が語られる。クンティーが彼女の養父に言う。「私は（あなたが）約束された通り、身を捧げ敬意をこめてブラーフマナにお仕えするでしょう。私は偽りを申しません。…私はこの真実をあなたに誓います（＝satyam etad bravīmi）。」

② 3. 294. 34: カルナの許にアルジュナの父・インドラ神が、息子のアルジュナの身を守るために、カルナの耳輪と鎧を取りに来る。カルナはひきかえにインドラの槍を受け取って言う。「あなた（＝インドラ）が言ったように、危難の絶頂に当たって、私はこのインドラの槍を投げるだろう。…私はあなたにこの真実を誓う（＝satyam etad bravīmi）。」

③ 5. 16. 9: シャリヤがユディシティラにインドラの苦難と勝利の物語を語る――インドラはヴリトラを殺したあと身を隠してしまう。火神がブリハスパティに言う。「私はあなたにシャクラ（＝インドラ）を見せるであろう。私はこの真実を

あなたに誓う（＝satyam etad bravīmi）。」

④　6. 104. 45-46: ビーシュマが原因となって、アンバーは貞節を疑われ、婚約者のシャールヴァ国王に捨てられた。アンバーの再生であるシカンディンがビーシュマに言う。「私は今日あなたと戦うだろう。…そして私は必ずあなたを殺すだろう。私はあなたの前で真実によって誓う（śape satyena）。」

⑤　7. 51. 20: 息子のアビマニユがジャヤドラタに殺されたのち、アルジュナが言う。「私はあなた方に真実を誓う（satyaṃ pratijānāmi）。私は明日、ジャヤドラタを殺すであろう。」→⑤の参考として次の例がある。7. 53. 9: クリシュナがアルジュナに言う。「（戦いの）支度に勤しむ彼らは、真実を守るあなたによる、シンドゥ国王（＝ジャヤドラタ）を殺すとの真実の誓い（satyā pratijñā）を聞いて、…。」

(16)　（予言型）①　1. 11. 4, 8: ナイミシャの森で、ウグラシュラヴァスがブリグの系譜について語る――ブリグの子孫・ルルは蛇のドゥンドゥバに会う。ドゥンドゥバがルルに、自分がブラーフマナの呪いによって蛇に生まれたことを語る。ブラーフマナの言葉。「お前は私を脅すためにこの弱い蛇（＝縄の蛇）を作った。そのために、お前は私の怒りによって弱い蛇になるだろう。…私が言ったことは決して不真実にならないだろう。」

②　1. 93. 37-38: ビーシュマが、ガンガー女神とシャンタヌの息子として生まれた経緯が語られる。「あなたたち（＝ヴァス神群）が私（＝アーパヴァ仙）に呪われる原因になった、このディヤウス（＝ビーシュマ）は、自分のなしたことによって人間世界に長くいることになるであろう。私は怒りからあなた方に言ったことを、不真実にしたくはない。」

③　5. 60. 20, 22: パーンダヴァとカウラヴァの戦いを前にして、カウラヴァのドゥルヨーダナが父のドリタラーシトラに言う。「神々、ガンダルヴァ（＝乾闥婆）、アスラ（＝阿修羅）、ラークシャサ（＝羅刹）は、私に憎まれた者を守ることはできません。私はこの真実をあなたに告げます。…私がこうなるだろうと言ったことが、違う結果になったことはいまだかつてありません。そのために私は、真実を語る者として知られているのです。」

④　5. 88. 102-103: クンティーが使者としてカウラヴァ方に赴くクリシュナに言う。「あなたこそ我ら一族の義務、真実

であり偉大なる苦行です。あなたは救済者であり、偉大なるブラフマンです。一切のものはあなたに依拠しているのです。あなたが言われたことは、そのまま実現します。あなたにおいて真実があるでしょう。」

⑤ 5. 160. 15-16, 23: カウラヴァからの使者・ウルーカにアルジュナが言う。「スヨーダナ（＝ドゥルヨーダナ）よ、怒ったビーマセーナ（＝ビーマ）が集会場の中で…ドゥフシャーサナに言ったことが真実の誓い（＝satyā pratijñā）になるのを、お前はまもなく目の当たりにするだろう。…クリシュナは第二の誓いを立てはしない。私は真実を告げる。実にこれらの全ては真実になるであろう。」

⑥ 6. 41. 60-61:「どうすればあなたを倒せるか」と問うユディシティラに、ドローナが言う。「死の覚悟をして武器を捨て意識を失った私を、戦いにおいて兵士たちの（一人が）殺すであろう。そのときを除いて（私を倒せるときはない）。私はこの真実をあなたに告げる。そして、信頼すべき言葉を語る人から非常に悪い知らせを聞いて、私は戦場で武器を捨てるであろう。私はこの真実をあなたに告げる。」

⑦ 6. 116. 50: 戦いに倒れ、死に行くビーシュマが、ドゥルヨーダナに言う。「ビーシュマの死によってみな滅びるであろう。私はこの真実語を告げる。」→「真実」が「真実語」と同じ内容を持つことを示す第三の例（注（10）、注（12）参照）。

（祈願型）① 3. 252. 20: ドラウパディーがシンドゥ国王ジャヤドラタにさらわれて言う。「私が偉大な夫たち（＝パーンダヴァ五兄弟）への貞節を、心の中でさえ決して失うことがないように、その真実によって、私は今にあなたが彼らに打ち負かされて引きずり回されるのを見るでしょう。」→この例は予言型とも取れる。「シビ王型真実語」の要求型とも取れるが、その場合、物語展開の都合のため破綻していることになる。

② 5. 88. 60: カウラヴァ方に使者として赴くクリシュナがクンティーを訪れる。クンティーが、自分はドリタラーシトラの息子たちを我が子と差別したことはなかったと言う。「この真実によって、私はあなたが敵を殺し、栄光に包まれ、パーンダヴァたちとともにこの戦争から帰還されるのを見たいと思います。」

（17） 真実の誓いを実行することを期待・要求されるその他の場面は、たとえば、

①　3. 51. 29:「森の巻」の一挿話である「ナラ王物語」。ナラ王は、神々にダマヤンティーの許へ使者として赴くことを頼まれる。神々は言う。「ナラよ、あなたは真実の誓いを守る人（＝satya-vrata）だ。我々に力を貸し、使者になってくれ。」→ナラ王はそのため、また神々の威光を怖れ、初めダマヤンティーの求愛を受け入れない。

②　3. 60. 4, 6: 森に取り残され、ナラ王を探すダマヤンティーが言う。「大王よ、あなたは義務を知り、真実を語る方ではないのですか。どうして、あのように真実を誓ったのち、眠っている私を捨てて行ってしまったのですか。…あなたが以前、世界の守り神たちの面前で私におっしゃった言葉を真実のものとできるのですか。」

③　3. 61. 17: ②の続き。「かつて私の前でおっしゃったことを、真実のものにしなければなりません。」

④　3. 74. 13: ナラと再会したダマヤンティーがナラを責める。「ハンサ鳥たちの言葉に従って火神の前で手を取られた女を、「私は守る」と言って真実を誓ったのち（＝satyaṃ pratiśrutya）、その誓いはどこへ行ってしまったのですか。」

⑤　3. 281. 53:「森の巻」の一挿話である「サーヴィトリー物語」。サーヴィトリーが、夫のサティヤヴァットを連れ去るヤマ神に言う。「あなたは私に百人の息子を授けるという願いをかなえてくださいました。その上で、他ならぬあなたが私の夫を連れ去ってゆくのです。私はこのサティヤヴァットが生き返るようにという願いを選びます。あなた御自身の言葉が真実になるでしょう。」

⑥　5. 11. 19: 注（15）の③と同じ話。インドラの妻・シャチーが、神々の師・ブリハスパティに言う。「あなたはこれまでにいかなる嘘をもつかれたことはありません。ですから、あなたのおっしゃったこのことが真実になりますように。」

⑦　5. 177. 7, 11: アンバーが言う。「私を喜ばせたいとお思いでしたら、（バラ）ラーマよ、戦いでビーシュマを殺して下さい。あなたが約束されたあのことを真実のものとして下さい。…（アクリタヴラナがバララーマに言う。）この娘のなすべきこともなされ、あなたの言葉も真実のものになるであろう。」

⑧　5. 188. 10: 結局、バララーマはビーシュマを倒すことができない。アンバーは苦行によってシヴァ神に祈る。「あなたはビーシュマの敗北を約束されました。…その約束を真実のものとして下さい。私が戦いにおいてビーシュマに遭遇し、

彼を殺すことになるようになさって下さい。」

⑨ 6. 55. 42-43: 戦いが始まってまもなく、クリシュナがアルジュナに言う。「以前、王たちの会合においてあなたが言った言葉、『ビーシュマとドローナを筆頭とする、全てのドゥルヨーダナの兵士たちを、私は従者ともども殺すであろう。彼らが戦場で私と戦うというのなら』というその言葉を真実のものとせよ。」→6. 102. 32-34 で同様の表現を反復。

⑩ 6. 81. 18-19: ユディシティラがシカンディンに言う。「あなたは父上の前で、『私はあの大いなる誓戒を持つビーシュマを、汚れなき太陽の色の矢の奔流によって殺してみせましょう。私はこの真実を誓います（＝satyaṃ vadāmi）』と私に言って誓約（＝pratijñā）をした。しかし、あなたはその誓約を果たすことができないでいる。…誓約を違えてはいけない。」

⑪ 6. 102. 66: クリシュナがビーシュマ目がけて走り出したので、アルジュナが止める。「戻りなさい。以前、あなたが『戦わない』と言ったことを不真実にしてはいけない。」→クリシュナはカウラヴァ方に自分の軍隊を与え、パーンダヴァ方には身一つで御者として味方するという約束になっている。

(18) これが、カルマーシャパーダという有名な食人鬼である。バラモン教世界のカルマーシャパーダの説話が、仏教説話に入ってスタソーマ王という人物を取り込み、むしろ、スタソーマ王を主人公として展開してゆく（本書・第四章、第五章、第六章参照）。

(19) 虚偽、偽りの真実語がそれを誓った人物の身に恐ろしい事態をもたらすその他の例は、たとえば、

① 1. 77. 17: ジャナメージャヤ王の「蛇供犠」の場で、ヴァイシャンパーヤナがバラタ族の祖先・ヤヤーティーについて語る――ヤヤーティーにアスラの娘・シャルミシターが、約束を破って自分と肉体関係を持ち、自分に子供を授けてほしいと迫る。そうすることが罪にならないという主張の一部。「（皆の）共通の目的が問題になっているときに、不真実が嘘をつく者を害します。」→J. A. B. van Buitenen 訳での解釈を参照した。*The Mahābhārata*, vol.1, transl. J. A. B. van Buitenen, Chicago, 1973. 上村訳は異なっている。

② 1. 188. 17: ドラウパディーの「婿選び式」に参加したパーンダヴァはドラウパディーを獲得する。クンティーが誤っ

て彼女を五兄弟で共有せよと言ったため、事の是非を巡って議論となる。クンティーが言う。「私は非常に不真実を恐れます。どうすれば私は不真実を免れるでしょうか。」

③ 2. 61. 67-68: 賭博の結果、ユディシティラは全てを失い、ドラウパディーが賭博場に引きずられて来る。そこでヴィドラが引く話――ブラーフマナのスダンヴァンと魔類のヴィローチャナは、一少女を巡って争う。「両人のどちらが優れているか」と問われたヴィローチャナの父プラフラーダは、カシャパに相談する。カシャパが言う。「知っているのにかかわらず、欲望や怒りや恐れから質問に答えない者は、自らの上にヴァルナ神の千の羂索を放つ。一年が満ちたとき、彼の一つの羂索がはずされる。したがって、真実を知る者は直ちに真実を述べるべきである。」

④ 3. 188. 15: 四ユガについてのマールカンデーヤ仙の教え。「(カリ・ユガには)真実は、この世で自らを賢者であるとする人々によって破壊されるであろう。真実を失うことによって、彼らの寿命は短くなるであろう。」

⑤ 5. 35. 23, 26: パーンダヴァに領土を返すという約束を守らないドリタラーシトラを諌めるため、ヴィドゥラが引く、③と同じ話。「スダンヴァンよ、真実を述べず、また、不真実を述べて、まずい仲裁をする者はどんな生き方をするのか、私は尋ねる。…(スダンヴァンが言う。)…家畜についての不真実において五人を殺す。」

⑥ 5. 93. 48: カウラヴァ方に使者として訪れたクリシュナが、カウラヴァの父・ドリタラーシトラに言う。「法が非法によって、また真実が不真実によって損なわれるとき、そこに集まり、坐して見ている者たちは殺されます。」

第七章　大施太子本生譚の原型と展開

はじめに

波羅奈《はらな》国の大施太子は衆生に物を与えるため海に入り、海龍王より如意宝珠を与えられる。その直後に如意宝珠を盗み取られるが、奮闘してこれを取り返し、ついに布施の完成を全うする。この過去の世の大施太子こそ、今の世の仏である。――『三宝絵』の大施太子本生譚はこのように語る。本章で述べてゆくことは、「精進」（＝努力）の説話として語られることの多いこの系譜の説話が、本来むしろ「布施」の説話でなかったかということ、大施という人物の話とは別に存在する、マハージャナカ王などの「精進」の話の影響を受けて、大施太子本生譚の系譜の説話は「精進」の説話に変容するに至ったのではないかということである。

以下、主に『三宝絵』『大智度論』『仏本行集経』『生経』、そして、『六度集経』の説話を取り上げるが、これら説話群を、『六度集経』の普施商主本生譚に因んで「普施商主型」と名付けることにする。これは、商人などが布施の財とするため如意宝珠（＝cintā-maṇi）(1)を龍王の宮に取りに行くというものである。この普施商主型の説話によく似た話として、『大方便仏報恩経』の善友太子本生譚などに見る「善友太子型」とも言うべき説話群がある。これは、王子がやはり衆生への布施のため、龍王の如意宝珠を求めて海に出るという波瀾万丈の物語であり、「普施商主型」と「善友太子型」とは、のちに述べるように、特に後半の展開において著しく相違しているものの、全体としてはかなりよく似た話である。おそらくはそのため、両話型はしばしば混淆するのであり、とりわけ『賢愚経』や『三宝絵』ではその観がはなはだしい。『賢愚経』と『三宝絵』は「普施商主型」の話でもあり、「善友太子型」の話でもあることになる。ここで、両話型の話の大きな相違を挙げておけば、普施商主型の話では、主人公が一旦手に入れた如意宝珠を龍神の策略などによって失い、これを取り戻そうとして海水を汲む場面が重要である。善友太子型の話にはこの海水汲みの場面がなく、善友太子が如意宝珠を手に入れたのち、悪役の弟によって目を潰されて如意宝珠を奪われ、盲目となった主人公の新たな苦難の物語が展開するのである。善友太子型の説話については本書「第八章　大施太子本生譚の誕生」において考えたい。

なお、仏典類の成立年代や前後関係は必ずしも明らかでなく、また、筆者にそれらを決定する力はない。それにまた、より古い説話が新しい経典に収められている可能性すらある。したがって、本書では各経典の成立年代等にあまり捕らわれず、そこに収められた説話の流れのようなものを推論してきている。

一　『三宝絵』大施太子本生譚

普施商主型の説話の最も新しい事例の一つは『三宝絵』上巻第四話の大施太子本生譚である。『三宝絵』上巻第一話から第六話までは、菩薩の行ずべき六波羅蜜を説明し仏の前生を物語る本生譚になっている。第四話は悟りを得るための精進波羅蜜（＝vīrya-pāramitā、毘梨耶《びりや》波羅蜜）、すなわち「努力の完成」を説く話である。その冒頭には、精進波羅蜜とは何かを定義する文章が置かれている。

①序＝　菩薩は、世々に精進波羅蜜を行ふ。其の心に思はく、「もしはげみ勤めずして常に休み怠ることを成さば、生死の家を離れずして菩提の道に向ひ難かるべし」と念ひて、諸の念ひ立ちぬる事に怠り拾つる事なし。火を切るに気《いき》を休めつれば火を得るに能はず。水をおよぐに手を動かさねば水を度《わた》ること能はず。励む心もし怠りぬれば、求むる事成り難きも、また此くの如し。

つづいて、この定義を例証する大施太子の説話が示される。

②過去物語＝　昔の世、波羅奈国《はらな》（＝Vārāṇasī）に大施太子がいた。あるとき、太子は人々が衣食のために動植物を殺すのを見て悲しみ、蔵の宝を貧民に与えるようになった。そして、「海中の如意宝珠を取りに行きたい」と父王に願った。これを許さない王も、食を断って七日起き上がらない大施太子に説得され、海の道に精通している八十才の盲目の老人を同行させた。大施太子が船を用意したところ、五百人の商人が同船を希望した。大施太子は七つの鉄鎖で船をつなぎ、毎朝一つずつ解きながら「残りたい者は残りなさい」と忠告し、ついに出帆した。

船はまず宝の山に着き、船と商人たちとを残して、大施太子と老人はさらに進んだ。七日の間は膝まで、さらに七日の間は首まで水に浸かって歩き、次の七日間は水に浮かびつつ、銀の砂の浜に着いた。東南に見える銀の山を目指して行き、やがて金の砂の浜に到着した。ここで老人は、「ここから東に七日間行けば青い蓮の花がある所に出る。さらに七日間行けば赤い蓮の花がある所に出る。さらに行けば龍王の宮に着く」と言って死んだ。大施太子は一人進み、蓮を守る青い毒蛇も彼には手を出さなかった。ようやく辿り着いた龍王の宮では毒龍が堀を守り、「玉の女」が門を守っていた。龍王に迎えられた大施太子は龍王の左耳の中の玉を乞い、七日間の饗応ののちにこれを得た。そして、一匹の龍に送られて故郷の海岸に帰った。

しかし、龍たちは玉を惜しみ、取り返すことを計画した。一匹の龍が人の姿に化けて大施太子から玉をだまし取り、海に飛び込んでしまった。大施太子は「生まれ変わりつづけても海を汲み干してやる」と誓い、海水を貝殻で汲み干そうとした。その姿を憐れんだ天人たちが力を貸したので、たちまち海水は十分の八がなくなった。あわてた龍王は玉を返した。大施太子は宮に帰り、月の十五日に玉を拝んで「全ての宝を降らせてください」と願った。すると、あらゆる宝が世界中に降って膝の高さに積もった。

以上の「過去物語」のあと、「連結」等が付けられている。

③結＝　苦びを堪へ心を励して、誓ひを発し、海を汲みしかば、是れを精進波羅蜜を満つるとなり。昔大施太子と云ひしは、今の釈迦如来なり。『六度集経』『報恩経』等に見えたり。絵有り。

このように、『三宝絵』では、大施太子が如意宝珠を取り戻すために海水を汲む話が精進（波羅蜜）の例証話になっている。なお、③結の最後に、この話は『六度集経』『大方便仏報恩経』に見えると記されているが、おおよそ、大施太子が如意宝珠を手に入れるまでの前半は『報恩経』、海水を汲む場面を中心とする後半は『六度集経』に、直接的にか間接的にか由来する。[2]『三宝絵』の大施太子本生譚は、前半が善友太子型の話であり、後半は普施商主型の話になっているわけである。

二　『大智度論』大施菩薩本生譚

『三宝絵』の大施太子本生譚は『四教儀』を下敷きとし、実際の文章、叙述については『六度集経』『報恩経』の説話に基づいている可能性がある。仲介的文献を通じて『六度集経』『報恩経』の説話を継承する結果となった可能性もある（本書・第八章参照）。いずれにせよ、大施太子が海水を汲むというモチーフが精進波羅蜜と結び付けられているという点に関しては、『大智度論』巻第四の精進波羅蜜の記述を見なければならない。『三宝絵』第四話の結末に、大施太子の話が『六度集経』『報恩経』などに見えると記されているが、『大智度論』の名は挙げられていない。しかし、六波羅蜜を順々に説く『三宝絵』第一話から第六話では『大智度論』に倣った説話配列がなされていると言われ(3)、とかく『三宝絵』のこれら六話は『大智度論』と関わりが深い（第一話のシビ王本生譚、第二話のスタソーマ王本生譚と『大智度論』との関係については、本書・第二章、第三章、第四章参照）。そこで、『大智度論』巻第四において六波羅蜜が一つ一つ説き明かされる箇所を見ると、精進波羅蜜の記述(4)は、次の通り非常に簡潔なものとなっている。

問ひて曰はく、毘梨耶波羅蜜は如何が満ずる。答へて曰はく、若しは、大心動力あること、大施菩薩の如し。一切の為の故に、此の一身を以て誓って大海を抒《く》み、其れをして乾き尽くさしめ、心を定めて懈らざりき。亦、弗沙仏《ふっしゃぶつ》を讃ずること七日七夜、一脚を翹《あ》げて目を眴《またた》かざりしが如し。

また、同じ『大智度論』の巻第一六では、精進波羅蜜をさらにくわしく説くのであるが、ここでも(5)、

復次《また》、菩薩の精進は、休息《やす》まずして一心に仏道を求む。是の如く行ずるを名づけて精進波羅蜜と為す。好施菩

薩の如きは如意珠を求めて大海の水を抒み、正に筋骨をして枯れ尽くさしむるも終に懈廃せず。如意珠を得て以て衆生に給し其の身苦を済へり。菩薩は是の如く為し難きを能く為す。是を菩薩の精進波羅蜜と為す。

と記されている。すなわち、『大智度論』は二箇所にわたり、精進波羅蜜の例証話の一つとして「大施菩薩、または好施菩薩が（如意宝珠を取り戻すために）海水を汲み尽くそうとした」という短い説話を挙げている。『三宝絵』大施太子本生譚は、精進波羅蜜の例証話として「大施太子が海水を汲み尽くそうと努力した話」を挙げる点で、『大智度論』の系譜を継いでいるわけである。

三　『仏本行集経』の場合

ところで、如意摩尼宝珠を取り戻そうとして一商主が海水を汲む話が『仏本行集経』に収められている。『仏本行集経』は闍那崛多が隋の開皇七年（五八七）から一一年（五九一）に訳したと言われ、仏伝前紀（＝仏統譜・王統譜、託胎）、仏伝本紀（＝誕生から出家、成道、転宝輪まで）、弟子列伝からなる仏伝の集大成になっている。一商主の話は巻第三一「昔与魔競品」第三四にある。(6)

①現在物語＝　仏が成道の直後に、「仏はどのようにして『精進の力』によって悟りを得られたのか」と問う比丘たちに向かい、「私は今『精進の力』によって悟りを得たばかりではなく、過去においても『精進の力』によって摩尼宝珠を得たのだ」と言った。

②過去物語＝　往昔《むかし》、一商主が海中で摩尼宝珠を得たが、これを海に落としてしまった。彼は直ちに柄杓を持っ

て海水を汲みはじめ、宝珠を取り戻そうとした。すると、海神が来て「愚かにも大海を汲み尽くそうというのか」などと問うたので、「『精勤《しょうごん》の心』によって必ず汲み尽くしてやる」と答えた。恐れをなした海神は彼に宝珠を返し、「人は『勇猛心』を起こすべし」云々と偈を唱えた。

③連結＝　この話を語りおえた仏は、

精進は処処に心に称《かな》ふを得　嬾墮は恒常《つね》に大苦を見る
是の故に勇猛の意を勤発《ごんほつ》せよ　智人は此れを以て菩提を成ず

と偈を唱え、「その時の大商主はすなわち私である。彼は『勇猛心』によって失った宝珠を再び得たのである。今日もまたそうである。『精進』によって悟りを得たのである」と説いた。

このように、『仏本行集経』の一商主本生譚では、商主が如意宝珠を得る話の中でも、海水を汲み如意宝珠を奪い返そうとする場面に焦点が当てられ、しかも「菩提を得るための精進」と強調されている。ここでは、商主が何のために宝珠を求めるかは明らかにされておらず、布施の件は影も見えない。(7)

四　『生経』の場合

しかし、『仏本行集経』の話とほぼ同様の話を伝える『生経』巻第一の「仏説堕珠著海中経」第八(8)は、この話が布施を主題として打ち出し得る可能性を持っていたことを示唆する。『生経』は竺法護が西晋の太康六年（二八五）に訳したという。そのうちの「仏説堕珠著海中経」は次のようなものである。

①現在物語＝　仏が王舎城の（近くの）霊鷲山にいたとき、五百の比丘らに向かって、「自分は無数劫《むしゅこう》からの精進によって仏となることができたのだ」と言って、次のように語り出した。

②過去物語＝　過去無数劫のとき、仏は国中の貧窮の人を哀れみ、海の如意宝珠を得て彼らを救うことを考えた。同行者を募って海の三難を説いたのち、五百人の心堅固なる商人とともに海龍王の所に至り、龍王の頭上の珠を得た。ところが、諸の龍や鬼人は珠を惜しみ、策略を巡らして珠を海に落させた。「導師」（＝仏）は「私は衆生の窮乏を救うため艱難に堪えてこの珠を得た。これを取り返すまでは決して休み怠らない」と言って、器を手にして海水を汲みはじめた。「精進の力」によって苦難を恐れず、命も惜しまないその姿を見て、龍たちはこの人の「精進の力」は並のものではないと恐れをなし、珠を返した。「導師」は珠を持ち帰り、これによって衆生にあらゆる宝を与えた。

③連結＝　仏は「そのときの『導師』はすなわち私であり、五百の商人は仏弟子である。私は『精進』して大海に入り宝珠を得、衆生の貧窮を救った。今は仏となってあらゆる衆生に悟りを得させるのである」と説きおえた。

このように、（商主が）如意宝珠を得たという『生経』の話は、仏が無数劫からの精進によって悟りを得、衆生の貧窮を救ったことを説いている。背景には布施によって衆生の貧窮を救うという思想が見えるが、結局それを主題として打ち出すことはない。かわりに、やはり如意宝珠を奪取する場面を強調し、精進を主題とした形で『生経』に収められている。

五　『六度集経』普施商主本生譚

それに対して、『六度集経』巻第一の普施商主本生譚(9)では、如意宝珠を取りに行く話が、明確に布施波羅蜜の説話として提示されている。あるとき、仏が王舎国、すなわちマガダ国の鷂山《ようせん》、すなわち霊鷲山において、菩薩の行ずべき六度無極、つまり六波羅蜜を説いたという内容であるが、普施商主本生譚は巻第六「精進度無極章」第四の全十九話の中にではなく、巻第一「布施度無極章」第一の全二十六話のうちに配列されている。巻第一の冒頭において、修辞的な文章を以て一種の定義を述べたのち、既に挙げたシビ王本生譚（本書・第三章参照）などの例証話を挙げつづけて、第九の普施商主本生譚に至るのである。

②過去物語＝　昔、菩薩は「四姓」（→人間、ここではヴァイシャ・商人(10)かクシャトリヤ・王）に生まれた。生まれ落ちると同時に、布施によって衆生に仏法を知らしめんとの誓いを立てた。そこで、両親は彼を普施と名付けた。普施は十歳であらゆる学問などに通じ、布施を行った。しかし、両親の富も足らずとして出家し、教化の旅に出た。その道中、ある大国では富豪の娘（あるいは下女）を与えられようとしたが、帰りに娶ることを約束し、さらに進み続けた。

船に乗って海を渡り、岸に着くと大きな毒蛇の巻きついた銀の城を見出した。普施が「慈定《じじょう》」(11)を起こすと大蛇は眠ったので城に入った。城中の龍神の求めに応じて、普施は九十日滞在し仏法を説いた。立ち去るときに神は四十里を照らしその間を諸々の宝で満たすという珠を与えた。さらに進むと毒蛇の巻きつく黄金の城を見出し、同じく城に住む龍神に八十里を照らし宝で満たすという珠を与えられた。次の瑠璃の城では百六十里を照らし宝で満たす珠を与えられた。これらの珠で衆生の困窮を救うことができると考えた普施は国に戻った。

さて、龍神たちは「この三つの珠によって我らの栄華はあるのだ」と詮議し、一人が人間の姿となって普施の前に現れ、珠をだまし取った。普施は「私は昔の世に錠光仏の許で、海を覆し須弥山を持ち上げ天地を震動させようという誓願を立てた。今こそそのときだ、今の世に汲み尽くさないならば世々生まれかわって汲もう」と考え、瓢箪を持って海水を汲み鉄囲山の外に投げた。遍浄という神が「この人こそ仏となって衆生を度するであろう」と感じ手を貸したので、海水は十分の八が汲み出された。慌てた龍神たちは三つの珠を返し、さらに、蔵の宝をも与えようとしたが、普施は珠だけを受け取った。そして、道々に布施をして人々の言動を改めさせ、五戒と十善によって国を治めて、ついには仏となった。

③連結＝　仏は僧たちに言われた。「普施とは私である。普施の父は白浄王（＝浄飯王）、母は舎妙（＝摩耶夫人）、『道士女』（→富豪の娘あるいは下女?）は倶夷《くい》（＝Gopā→Yaśodharā、耶輸陀羅《やしゅだら》）、銀城の龍神は阿難、金城の龍神は目連、瑠璃城の龍神は舎利弗である。菩薩は誓願して仏になろうとして衆生を救い、このように布施を行ずるのである」と。

以上のことから、『六度集経』では普施商主本生譚が明らかに布施波羅蜜の説話の一つとして披露されていることがわかる。ここでは、海水汲みの行為も精進（波羅蜜）と取り立てて関係付けられてはおらず、普施商主という主人公の名前からしても、また、彼が衆生に布施するため宝珠を求めるという内容からしても、布施（波羅蜜）はこの話の主題として特化されるにふさわしい。『六度集経』はこの説話を、そうしたいわば自然に備わった主題を生かした形で取り込んだのではないだろうか。[12] それに対して、『仏本行集経』や『生経』などに見られる伝承では精進の主題に転換しているのではないかと考えられる。

六　『賢愚経』大施婆羅門本生譚

このようにしてみると、普施商主型の説話には、布施か精進かという主題の揺れがあった、あるいは、布施を主題とするものから精進を主題とするものへ変容する動きがあったと思われる。そうした揺れや変容の位相が説話中に窺われる場合もある。次に挙げる『賢愚経』巻第八「大施抒海品」の大施婆羅門本生譚[13]はさらに次の段階へ進んでいるようだが、ここにも布施、精進という二つの主題の位相を見ることができる。

①現在物語＝　仏が耆闍崛山《ぎしゃくつせん》（＝Gṛdhrakūṭa-parvata、霊鷲山）に弟子たちとともにいたとき、侍者を用いようと考えた。その心が他ならぬ阿難にあることを知った仏弟子たちは、阿難に仏の侍者になることを懇請した。阿難は、「仏が自らの故衣《こえ》を与えない、残食《ざんじき》を与えない、時宜については阿難の裁量に従うという、三つの願いを許されるならば」と申し入れた。仏は、「故衣、残食云々という願いは諸弟子の嫉妬心を避けるためである。また、阿難が私に仕え、時宜について任されていたのは今ばかりでなく、過去の世においてもそうであった」と言って、過去のことを説いた。

②過去物語＝　昔、大国王がいて、王城は婆楼施舎《ばるせしゃ》といった。尼狗楼陀《にくろうだ》（＝Nyagrodha）という師の婆羅門は富裕で、梵天等に祈り子を得た。妊娠したときの母親の変異によって、子供は「摩訶闍迦樊《まかじゃかぼん》」[14]、「大施」と名付けられ

た。この子が成長すると、あらゆる学問・技術に通じた。あるとき大施は、乞食、屠殺者、耕作者、猟師、漁師の業を見て、衣食のために衆生を殺害する彼らがのちには地獄に堕ちるであろうと思い至った。そこで、彼は父の財産を使ってあらゆる布施を始め、たちまち蔵の物は三分の二、さらにはその三分の二が費やされた。そこで、大施婆羅門は人々に諮って海の珍宝を探しにゆくことにした。六日間食を断って意志を貫こうとする大施に両親もついに折れた。

大施は隊商主となり五百人の随行者を伴って出掛けた。道中、法鉢城の迦毘梨婆羅門に借金をして帰路にはその娘を娶ることを約束した。そして、大施は海辺に船を七重に繋ぎ、海中の難を唱えて順々に七つの綱を断ち再び出発した。やがて宝のある所に到着し、大施は五百人の乗る船と別れた。一人になった大施は初めの七日間膝まで水に浸かり、最後の七日間は水に浮かびなどして前進し、ようやくある山麓に達した。そして、七日間山を登って、七日間平らな所を歩き、七日間は下って水辺に至った。そこには金の蓮華が咲き毒龍どもが絡んでいたが、大施が「慈三昧《じざんまい》」(15)に入ると、七日の間無事に進んで行くことができた。また、大施の志に感じたある羅刹は彼を四百由旬の間運んでくれた。ついに大施は銀の龍宮に到達した。七重の堀に毒蛇が満ちていたが、慈心によって無事に通り、門を守る二匹の龍も同様に彼を通した。そして、龍王に如意宝珠を請い、一月の説法ののち龍王に髻の珠を与えられた。この珠は二千由旬に宝を雨《あめふ》らすという。大施はさらに行き、瑠璃の龍宮、金の龍宮でそれぞれ、四千由旬、八千由旬に宝を雨らす珠を得た。大施はこれらの珠によって虚空を飛んで海を抜け、しばらく眠り休んだ。

このとき、龍たちは三つの珠を惜しんで話し合い、一匹の龍が密かに珠を盗んだ。目覚めて訳を知った大施は、命終わるまで海水を汲もうと決意し、亀の甲を持って汲みはじめた。海人がやって来て、「たった一人で汲み尽くそうというのか」と尋ねたが、大施は「心が怠らなければできないことがあろうか」と答えた。しかし、五浄居天の神々が手を貸したため、三回で百二十里の水がなくなった。狼狽した龍は珠を返し、「あなたはこのように精進してついには仏道を成ずるだろう。私は精進の弟子となろう」と誓った。その後大施は随行者と落ちあい、迦毘梨婆羅門の娘を娶って帰国した。そして、如意宝珠によって一切の人民に飲食物、五穀、衣服、七宝などを雨らせて与え、満ち足りた彼らに教えを説き善行を行わせた。

③連結＝「そのときの父・尼狗楼陀婆羅門はわが父、母はわが母、大施は私である。銀城の龍は舎利弗、瑠璃城の龍は目連、金城の龍は阿難、海人は離越《りおつ》（＝Revata、仏弟子の一人）である。阿難は龍王であったときにも私に仕えて時宜を知っていたし、今日もまたそうである」。

このように、『賢愚経』に収められた大施婆羅門の説話は、阿難が今の世のみならず、金城の龍であった過去の世にも仏によく仕え時宜を知っていたという因縁を説明するために用いられている。一方、「大施抒海品」という品名や、龍神が大施に如意宝珠を返すときの言葉、「あなたはこのように精進してついには仏道を成ずるだろう。私は精進の弟子となろう」（「汝、今是の如く精進して休まざれば必ず仏道を成ぜん。我願はくば為に精進の弟子と為らん」）に目を留めてみよう。これらからすれば、この説話を「大施が海水を汲み尽くそうと努力（＝精進）する話」として把らえる伝承があり、『賢愚経』の大施婆羅門本生譚はそうした伝承を反映しているのではないかと推測される。また一方、大施婆羅門という主人公の名前や、彼が衆生にあらゆる布施を行うために如意宝珠を求めるという物語展開を考えると、この説話には、背景の思想、潜在的な主題として「布施」があると思われる。

なお、興味深いことに、『賢愚経』大施婆羅門本生譚は、悪役の弟や道案内の老人が登場しないことを別にすれば、第一の宝珠を得るまでの前半は複数のモチーフにわたって善友太子型の内容に近く、後半は普施商主型の内容になっている。(16) 両話型の説話が内容や主題の類似性から混淆する傾向のあったことを示していよう（本書・第八章参照）。

七　『ジャータカ』「マハージャナカ・ジャータカ」

これまで、主に漢訳で伝わる大施太子型の説話が、その主題を、布施から精進へと転換する動きがあったことを推測してきた。この動きの契機となったのは何かと言えば、それは、パーリ語で伝わる『ジャータカ』に収められた第五三九話「マハージャナカ・ジャータカ」（＝Mahājanaka-jātaka）のような説話だったのではないだろうか。以下に、現在も伝存する「マハージャナカ・ジャータカ」を見てゆく。

『ジャータカ』は上座部仏教の聖典であり、最終的な編纂の年代は五世紀だと言われている（本書・第五章参照）。また、過去物語の部分は釈迦の在世時代前後に民間で伝承されていた説話であったものが多い（本書・第二章参照）。説話そのものの古さは、内部徴証によってか、同じ説話を描く彫刻・壁画などの造形美術によって知るしかない。そうした方法で、その説話の成立年代のみならず、「現在物語」「過去物語」「連結」を完備して一主題を中心にまとめあげられた現在の形以前の、その説話の複数の変化形、あるいは本来の主題などを見出すことができるはずである。

さて、『ジャータカ』第五三九話「マハージャナカ・ジャータカ」は、「大いなる出家」（＝mahā-nekkhamma）を説くために仏が語る、ヴィデーハ国王の子・マハージャナカの王国回復の冒険譚と、彼がその後出家するに至るまでの物語である。この過去物語の部分はヒンドゥー教叙事詩的内容である。それでは、「マハージャナカ・ジャータカ」を、現在物語と連結は試訳、過去物語は要約の形で次に示したい。(17) パーリ語ジャータカに必ずある一種の導入部のあとに、現在物語以下が続く。

「海の中で（助かろうと努力する）この（人）は誰か」というこの（詩句）を、師はジェータ・ヴァナ（＝Jeta-vana、祇陀林、祇園）に住しつつ、大いなる出家に関して説かれた。

①現在物語＝　ある日、比丘たちは説法堂において、如来の大いなる出家を称賛しながら座っていた。師がやって来て、「比丘たちよ、今何のために集まって、話しながら座っているのか」と尋ねた。（比丘たちは）かくかくしかじかのためと答えた。（師は）「比丘たちよ、今ばかりでなく、過去においてもまた、如来は大いなる出家をなしとげたのだ」と言って過去のことを話した。

②過去物語＝　昔、ヴィデーハ国のミティラーでマハージャナカという王が国を治めていた。彼にはアリッタジャナカ、ポーラジャナカという二人の息子がいたが、その死後には兄のアリッタジャナカが王、弟のポーラジャナカが副王となった。あるとき、讒言によってポーラジャナカと仲違いしたアリッタジャナカ王は戦いのあげくに戦死してしまった。「偉大な人」（＝如来）を身ごもっていたアリッタジャナカ王の第一王妃はこれを聞いて密かに城を出、サッカ（＝帝釈天）の助けを得てチャンパーに逃げ、あるブラーフマナに保護された。やがて彼女は息子を生み、その子は祖父に因んでマハージャナカと名付けられた。子供は成長し、あるとき、子供同士の喧嘩をきっかけとして自らの出生の秘密を知った。

これに続くマハージャナカの王権回復のための英雄的行為をややくわしく示そう。

彼は十六歳になったとき、父の王国を取り戻そうと考え、母の財産で商品を買い入れ、三百五十人の人々と船でスヴァンナ・ブーミ（＝Suvaṇṇa-bhūmi、「黄金の地」の意）に向かった。ところが、航海の途中で船は沈没してしまった。落ち着いて備えをしていたマハージャナカは帆柱に摑まって助かり、その後七日間、波間を漂っていた。すると、マニメーカラーという海を守護する女神がマハージャナカを見付け、「海の中で無駄な努力をするのは誰か」云々と問うた。彼は「人としてなすべき努力をしている」云々と答え、これらの問答によってマハージャナカの確固たる信念に感じた女神は彼を救い、ミティラーに連れて行った。

さて、ポーラジャナカは既に病没し、遺言を残していた。四つの謎のいずれかを解くことのできる者を一人娘・シーヴァリの婿とし、その者に王国を与えよという遺言である。将軍をはじめ誰もこれらの謎を説くことのできる者はいなかったが、祭官の助言で「華馬車」(18)を使ってその者を探すと、「華馬車」はマハージャナカの所に来て止まった。マハージャナカは祭官の要請を入れて王位に即き、ポーラジャナカの遺言の謎を全て解いてみせた。このとき、マハージャナカは大海での努力を思い起こし、喜びのままに「人はまさに努力すべし」云々という詩句を唱えた。

その後、マハージャナカには王子も生まれ、王子が成人したのちのある日、マハージャナカに出家の機縁が訪れる。ある日、マハージャナカは庭園に行き、実をつけているマンゴーの木と、実をつけていないマンゴーの木を見た。実のあるマンゴーの木は、実を採る人々によってすっかり痛めつけられてしまったのに、実のないマンゴーの木は無事である、そのさまを見た彼は悟る。「王位にあることは実のあるマンゴーと同じであり、出家することは実のないマンゴーと同じである。何かを持っている人には恐怖があるが、何も持たない人に恐怖はない」と。

そのように出家の決意を固めたマハージャナカは宮殿内で修行した。そうしてあるとき宮殿を出、追って来る妃らにも引き留められず、ついにヒマラヤ山に入ってしまった。王妃も王子を即位させて仙人になり梵天界に至った。

③連結＝　この説法をしてから、師は「比丘たちよ、過去においてもまた如来は大いなる出家を成し遂げたのだ」と言って、（以上の）本生に連結を付けられた。「そのときの海の女神はウッパラヴァンナーであり、…シーヴァリはラーフラ（＝羅睺羅）の母（→ヤショーダラー）であり、ディーガーブ王子はラーフラであり、父母は大王家であり、そして、マハージャナカ王は実に私であった」と。

このように、パーリ語『ジャータカ』の「マハージャナカ・ジャータカ」は「大いなる出家」を説くための例証として最終的に編纂されている。しかしここで、マハージャナカがマニメーカラー女神と交わした問答の詩句、および、王位に即してのちマハージャナカが唱えた詩句の二箇所に注意を向けてみたい。前者は原文ではあわせて十の韻文からなる、海上を漂うマハージャナカと女神との問答であり、「なぜ海中で無駄な努力をするのか」「たとえ成就はせずとも、人としてなすべき努力をしなければならない」云々といった内容になっている。後者は、原文ではあわせて六の韻文からなり、大海にあっての努力を思い起こしつつ、即位したマハージャナカが唱えたものであって、「人はまさに努力すべきものである。賢者は努力を厭うべきではない」などという内容である。これらの詩句・韻文からは、マハージャナカ説話の本来の主題として、「人は努力すべし、励むべし」という教訓を見出すことができるのではなかろうか。

その一方、自らの頭に一筋の白髪を見つけた王がそれを機に出家するというモチーフが、『マッジマ・ニカーヤ』（＝

Majjhima Nikāya）第八三経「マカーデーヴァ・スッタ」や『ジャータカ』第九話「マカーデーヴァ・ジャータカ」や第五四一話「ニミ・ジャータカ」の中にある。こうしたマカーデーヴァ王やニミ王を主人公とする同類の話は多くの仏教文献や美術に見られ、よく知られている。[19] とりわけ、『ジャータカ』第九話「マカーデーヴァ・ジャータカ」は「大いなる出家」をその主題とするものであって、モチーフ、あるいは話型と、このような主題との取り合わせのあったことを示唆する。今取り上げている「マハージャナカ・ジャータカ」の後半部分、「大いなる出家」の場合は、頭に白髪が生じたことではなく、二本のマンゴーの木を観察したことを機縁とするものであるが、白髪を機縁に出家する説話から派生したものかと考えられる。前半の王権回復の物語とは本来無縁のものであろう。「マハージャナカ・ジャータカ」後半の出家に至る経緯はのちに付加されたものと考えられる。つまり、マハージャナカ説話としては、前半の王権回復の話が初めにあり、「励むべし」ということを主題として持たされていたかと考えられるのである。

八　『ジャータカ』「チューラジャナカ・ジャータカ」

このことをもっと端的に示すのが、『ジャータカ』第五二話の「チューラジャナカ・ジャータカ」（＝Cūḷajanaka-jātaka）である。ジャータカとしては不完全な短い話である。全文を試訳して次に示そう。[20]

「人はまさに努力すべきものである」というこの（詩）を、師はジェータ・ヴァナに住しつつ、努力（＝viriya）をやめた（比丘）に関して説かれた。ここで説かれるべきことの全てはマハージャナカ・ジャータカにおいて明らかになるであろう。

②過去物語＝　さて、白い傘蓋の下に座った（→王に即位した）ジャナカ王はこのような詩を唱えた。
　まさに人は努力をすべきものである。賢者はそれを厭うべきではない。実に私は私自身を見た。水から陸に
　　引きあげられた（私）を。
③連結＝　ここにおいても、努力（＝viriya）をやめた比丘は、修行の最高の位（＝阿羅漢果）に達した。（師は説
　いた。）「ジャナカ王は実に正しい悟りを得た人（＝正等覚者、仏）であった」と。

この「チューラジャナカ・ジャータカ」のうち、「努力」と訳した語は、パーリ語の原文で「ヴィリヤ」（＝viriya）である。これがサンスクリットの「ヴィーリヤ」（＝vīrya）に当たり、漢訳仏典では「毘梨耶」と音訳され、あるいは「精進」と意味を取って訳されている。つまり、「チューラジャナカ・ジャータカ」では同じジャナカ王の話が精進の例話として説かれているわけであり[21]、「マハージャナカ・ジャータカ」ではジャナカ王の話が「大いなる出家」の例話に転用されているのに対して、「チューラジャナカ・ジャータカ」では本来的な主題を生かして使われているのではないかと考えられる。しかも、「マハージャナカ・ジャータカ」に見たような長大なジャナカ王の物語の中から、ジャナカ王が海水の中で努力を続けて女神に救われた部分だけが「精進」の主題を担うものとして取り上げられていることに着目したい。

「チューラジャナカ・ジャータカ」以外にも、ジャナカ王の説話の本来的な主題を示すらしいものとして、『ジャータカ』の序文として付けられた「遠い因縁説話」がある。その中に、布施の完成、持戒の完成、離俗の完成、智慧の完成性、努力の完成、忍耐の完成、真実の完成、決意の完成、慈悲の完成、平静の完成という十の完成を、簡潔な説話を挙げ連ねつつ説く箇所がある。ここでも、努力の完成を説くためにジャナカ王の説話が挙げられているのである。

試訳によってこれを引けば[22]、

同様に、努力の完成（＝viriya-pāramī）をなしとげた存在の、その数は限りもない。しかし、結局、彼が「マハージャナカ・ジャータカ」において、

岸の見えない水のまっただなかで、全ての人が死んだ。（そのときにも私の）心は変わらなかった。これぞ私の努力の完成（＝viriya-pāramī）である。

と唱えたように、彼が大海を渡ったときの努力の完成（viriya-pāramī）がまさに最高の完成となった。

ここでも、ジャナカ王の話が努力、精進の徳目の例証として挙げられているのであり、しかも、やはり、この人物の海中での努力が主題を担うものとして抽出されているのである。

なお、『ジャータカ』の中には、「チューラジャナカ・ジャータカ」と同じく、努力をやめた比丘と王国の獲得等のモチーフが結び付いた話が幾つか存在する。すなわち、現在物語に努力をやめた比丘が登場し、師、すなわち仏がその比丘をきっかけにして語る過去物語が、英雄的な人物、あるいは英雄的な動物によって王国が獲得、防衛あるいは奪回されるというストーリーを持つジャータカである。これらを列挙すれば、第八話「ガーマニ・ジャータカ」、第二三話「駿馬ジャータカ」、第二四話「良馬ジャータカ」、第五一話「マハーシーラヴァ・ジャータカ」、第五五話「パンチャーヴダ・ジャータカ」、第一五六話「心臆しない者ジャータカ」、第四六二話「サンヴァラ王子・ジャータカ」の計七話である[23]。ややくわしく述べれば、第八話「ガーマニ・ジャータカ」、第五五話「パンチャーヴダ・ジャータカ」、第一五六話「心臆しない者ジャータカ」、第四六二話「サンヴァラ王子・ジャータカ」では「王国の獲得」、第二三話の「駿馬ジャータカ」、第二四話「良馬ジャータカ」では「王国の防衛」、第五一話「マハーシーラヴァ・ジャー

タカ」では「王国の奪回」が語られている。こういった王国を獲得、防衛、奪回した英雄的人物、あるいは動物の物語は古くからインドに伝承されていたであろうが、『ジャータカ』編纂の際に「努力（の完成）」の例話として取り込まれてゆく傾向があったということではなかろうか。

マハージャナカの話も、いわば王国奪回のために英雄的な努力をした人物の物語なのであるが、のちに、とりわけ、彼が大海の中で絶望せずに力を尽くして女神に救われた部分が「努め励むべし」という主題を担うものと考えられるようになったかと思われる。そうであるとすれば、ひるがえって、普施商主型本生譚に見ることができた「大施が海水を汲み尽くそうと努力（＝精進）する話」として捉える伝承は、マハージャナカ説話のような説話の影響を受けているのではないかと考えられるのである。

おわりに

以上の考察によって知られるように、マハージャナカ型の説話と、主として漢訳で残る普施商主型の説話とはもともと全く異なる話であった(24)。マハージャナカ型の説話は「努力」を、普施商主型の説話は「布施」を、それぞれ主な主題とする（あるいはし得る）ものであった。しかし、そうした主題を担うモチーフは、マハージャナカ型説話の場合、王国を奪回しようと大海に乗り出して難破したマハージャナカが、励み怠らず奮闘して神と問答を交わし救われる、といったものである。それに対し、普施商主型説話の場合、主題を担うモチーフは、衆生への布施のため大海に出て如意宝珠を得た商主などが、奪われた宝珠を取り戻すために大海を汲み尽くそうと努力して神と問答を交わし、その神、あるいは他の神の助けを得る、というものである。こういったそれぞれの持つモチーフの類似性のために、本来布施を主題としていた（あるいは布施の主題を潜在させていた）普施商主型の説話が影響を受け、普施商主型の説話を「大海を汲み尽くそうと努力する」話であると捉える伝承を生んだのではないだろうか。(25)

こうした普施商主型本生譚を「大海を汲み尽くそうと努力する話」と解釈する伝承の流れにあるのが、『仏本行集経』の一商主本生譚や『生経』の話であり、また、『大智度論』の大施菩薩本生譚であって、また、こういった解釈を反映しているのが『賢愚経』の大施婆羅門本生譚であろう。さらにこの『大智度論』の系譜に繋がるのが『三宝絵』の大施太子本生譚だったのではなかろうか。このようにして、普施商主本生譚型の説話は「精進」（努力）の例証に変容したと思われる。

注

（1）この語はこれ以降「摩尼宝珠」「旃陀摩尼《せんだまに》」等の漢訳でも現れる。
（2）出雲路修『三宝絵』（東洋文庫、平凡社、一九九〇年）「注」（一八六頁）はこれを直接的な依拠と見ているようだ。
（3）出雲路修『説話集の世界』（岩波書店、一九八八年）第一部「二　《三宝絵》の編纂」（初出一九七五年）、出雲路修『三宝絵』「解説」（二六一頁）参照。
（4）『大正新脩大蔵経』第二五巻、八九頁中。
（5）『大正新脩大蔵経』第二五巻、一七四頁下。
（6）『大正新脩大蔵経』第三巻、七九七頁上〜中。
（7）仏教混淆サンスクリットで記された『マハーヴァストゥ』（＝*Mahāvastu*）の「シリ・ジャータカ」（＝Śiri Jātaka）は、過去世にも仏が努力してヤショーダラーを得たことを語る次のようなものである。

①現在物語＝　仏が「私がヤショーダラーを努力して手に入れたのは今においてのみならず、過去の世にもそうであった」と語りはじめる。

②過去物語＝　あるブラーフマナが師匠の代わりに儀式に出かけ、その帰途贈り物を海に落とす。それを取り戻すため海水を汲み干そうとして海の神に贈り物を返してもらい、師匠の娘・シリを手に入れる。

③連結＝　「そのブラーフマナは仏、師匠の娘はヤショーダラーである」。

『マハーヴァストゥ』にはスナールによる校訂本がある。*Le Mahāvastu, Texte Sanscrit publié pour le première fois et accompagné d'introductions et d'un commentaire*, vol. 2, ed. É. Senart, Paris, 1890. 「シリ・ジャータカ」は八九〜九四頁。『マハーヴァストゥ』にはジョーンズによる英訳がある。J. J. Jones, *The Mahāvastu*, vol.2, Surrey, 1952. パーリ文献協会（Pali Text Society）版の八七〜九一頁。

『マハーヴァストゥ』のジャータカは基本的に全て、何らかの徳目を説くものではなく、仏を巡るさまざまな状況と同じ状況が過去世にもあったという一種の因縁を説くものとなっている（本書・第二章参照）。「シリ・ジャータカ」も布施の徳目と関係はない。『マハーヴァストゥ』の成立年代は、M. ヴィンテルニッツによれば紀元前二世紀〜紀元後四世紀、干潟龍祥によれば紀元前一世紀〜紀元後二世紀終りか二世紀初めごろ（『本生經類の思想史的研究』本論　第三章）。

（8）『大正新脩大蔵経』第三巻、七五頁中〜七六頁上。

（9）『大正新脩大蔵経』第三巻、四頁上〜五頁上。

（10）『国訳一切経』「本縁部　六」（大東出版社、一九三五年初版、一九七一年改訂版）『六度集経』（成田昌信訳）巻第一・該当説話の注（一三九頁）において、ヴァイシャであろう、と記している。しかし、過去物語の最後には、普施が「五戒と十善によって国を治めた」と語られている。普施の身分について混乱のある可能性も考えられる（注（16）参照）。

（11）慈悲の念に満たされ、慈悲の境地に至ることによって、敵も攻撃することをやめ、自らの身を守ることができるという観

念。原実「慈心力」（『国際仏教学大学院大学研究紀要』第三号、二〇〇〇年）、古山健一「護持力としての dhamma」（『仏教研究』第三一号、二〇〇三年）等参照。

(12) 求那跋陀羅《ぐなばつだら》訳『仏説大意経』では、普施商主の話とほぼ同じ過去物語ののち、大意が四つの珠を得たのは惟衛《ゆいえ》仏の世に四つの宝で仏のために塔を建てたりしたからだ云々という因縁が説かれる。この経典では布施の説話にまた新たな意味付けをしていることになる。

(13)『大正新脩大蔵経』第四巻、四〇四頁中〜四〇九頁中。

(14)「大施」という名前に表意の漢字のみならず、表音の漢字が並べ記されているのはこの例のみのようである。これはサンスクリットの「マハーティヤーガヴァット」（＝Mahātyāgavat）に相当する名前と判断されている。『大智度論』をフランス語訳したエチエンヌ・ラモットも、巻第四・該当説話の該当名「大施（菩薩）」をMahātyāgavatと訳している。Étienne Lamotte, *Le Traité de la Grande Vertu de Sagesse de Nāgārjuna*, Louvain, Tome I, 1944, p.265； Tome II, 1949, p.949. 高田修『仏教の説話と美術』（講談社学術文庫、二〇〇四年）「第三部　美術にみる仏教説話」二〇七頁（初出・一九八八年）。出雲路修『三宝絵』（東洋文庫、第二刷・一八六頁）においても大施太子の原名を「Mahātyāgavat」としている。大施という人物の名前についてはさらなる問題がある（注（24）参照）。

(15) 注（11）参照。

(16) なお、『賢愚経』の大施婆羅門本生譚において、大施婆羅門の人物像、身分には奇妙なぶれがあるように見える。というのも、大施婆羅門には主人である王がいるが、王については冒頭部でわずかに言及されるのみで、以降全く登場しない。途中から、大施の父が王であって大施は国王の子であるかのような叙述、物語展開になっている。大施婆羅門は「婆羅門」（＝ブラーフマナ、司祭者）と呼ばれつつ、ほとんどクシャトリヤ、王族として描かれるという奇妙な事態となっている（注（10）参照）。また、大施の父親が子供を神に乞う動機が王に敵対してのことだとも解釈されそうに描かれている（この部分は要約では省略）が、この件についてはその後全く触れられず、齟齬が生じている。

（17）*The Jātaka*, vol. 6, ed. V. Fausbøll, London, 1896. パーリ文献協会（Pali Text Society）版で三〇〜六八頁。日本語訳もある。中村元監修・補註、矢島道彦ほか訳『ジャータカ全集』第九巻（春秋社、一九九一年）「マハージャナカ前生物語」。

（18）『ジャータカ全集』第九巻「マハージャナカ前生物語」（注17）の訳語（四〇頁）に従う。訳注（二七一頁）によれば、他のパーリ語ジャータカにも見られる王の後継者を探す儀式である。

（19）『増壱阿含経』第一巻「序品」、第五一巻・四等。中村元監修・補註、藤田宏達訳『ジャータカ全集』（春秋社）第一巻・第九話の訳註（四二四頁）、補註（五二八頁）等に関連の説話や資料が集成されている。

（20）*The Jātaka*, vol. 1, ed. V. Fausbøll, London, 1877. パーリ文献協会（Pali Text Society）版で二六八頁。『ジャータカ全集』第一巻「チューラジャナカ前生物語」。

（21）「チューラ」（＝cūla）は「小さい」の意で、「マハー」（＝mahā）の対となる語である。「チューラジャナカ・ジャータカ」は「ジャナカ王のジャータカで小さい（＝短い）方」の意であり、この話がある以上、「マハージャナカ・ジャータカ」は「ジャナカ王のジャータカで大きい（＝長い）方」という意味をも持つ。同様の例として、「マハーハンサ・ジャータカ」（→ハンサは鳥の種類）と「チュッラハンサ・ジャータカ」（→チュッラはcullaでcūlaと同じ意味）がある。ただし、マハージャナカは人名でもあり、「マハージャナカ・ジャータカ」は「マハージャナカのジャータカ」の意味をも兼ねている。

（22）*The Jātaka*, vol. 1, ed. V. Fausbøll, London 1877. パーリ文献協会（Pali Text Society）版で四六頁。中村元監修・補註、藤田宏達訳『ジャータカ全集』第一巻「因縁物語（ニダーナカター）」「I　遠い因縁話」五二頁。

（23）努力をやめた比丘をめぐる話で王国、王権を主題として打ち出していないものは、第二話「砂の道ジャータカ」、第三話「セーリヴァの商人ジャータカ」、第二六五話「矢のジャータカ」、そして、第五三九話「マハージャナカ・ジャータカ」の計四話である。

（24）普施商主説話や大施太子説話とマハージャナカ説話、特に、大施太子説話とマハージャナカ説話は研究史上でもその関係について混乱があった。たとえば、『国訳一切経』「釈経論部　一」（真野正順訳）『大智度論』巻第四の「大施（菩薩）」の脚注に「Mahājanaka」とジャータカ名が挙げられ、『ジャータカ』第五三九話「マハージャナカ・ジャータカ」の梗概が付けられている。また、赤沼智善『印度仏教固有名詞辞典』（法蔵館、一九九四年、一九三一年序）「Mahājanaka」の項（三六四頁）に、「摩訶闍迦樊（晋言大施）の原音はMahājanaka に非ざるか。Jātaka の Mahājanaka が海に難破して堅忍不抜なりしことと大施が大海を乾さんとして精進せしことと相通ずるが如し」と述べられている。

本章もこの記述に多く示唆されるところがあったが、原音の推定には問題があったようだ。これをもとに出雲路修『三宝絵』（第一刷）「注」（一八六頁）は大施太子の名を「Mahājanaka」としたが、のちに「Mahātyāgavat」と訂正が行われた（第二刷以降）。なお、松村恒「Analecta Japonica」（『神戸親和女子大学研究論叢』第三二号、一九九九年）には、漢訳仏典の語彙の原語を特定することの困難さが具体的に述べられている。

（25） こういった現象が起こった原因は、一つにはモチーフの類似性であろうが、また、もう一つの原因は主人公の名前――普施、あるいは大施と、マハージャナカ――の類似性かもしれない。『賢愚経』大施婆羅門本生譚によって「大施」の名は「マハーティヤーガヴァット」（＝Mahātyāgavat、tyāgavat は捨てる人・布施する人の意）と推定されている（注（14）参照）わけだが、「Mahātyāgavat」と「Mahājanaka」は音の近い名前である。

ちなみに、ジャナカという名の王はインドの文献にしばしば見られる（『ラーマーヤナ』に登場するラーマの妻・シーターの父、『ブリハッドアーラニヤカ・ウパニシャッド』に登場するバラモンのヤージュニャヴァルキヤを抱えた王など）。『賢愚経』大施婆羅門本生譚の「大施」の音写「摩訶闍迦樊」が無ければ、「大施」の原語は「マハーダーナ」（＝Mahādāna、dāna は与えること・与える人の意）といった可能性もあるかもしれない。この場合「Mahājanaka」とさらに音は近い。スダーナ（＝Sudāna、善施・好施などと漢訳し得る）という名の主人公の布施の説話も別にある（本書・第二章参照）。しかし、やはり『賢愚経』大施婆羅門本生譚の表記「摩訶闍迦樊」が残っている以上、「大施」の原語は「Mahātyāgavat」と考えるべきであろう。漢訳仏典の語彙の原音の推定は非常に困難なものである。

第八章　大施太子本生譚の誕生

はじめに

『三宝絵』の大施太子本生譚は、大施太子が海に入り如意宝珠を獲得する物語である。この大施太子本生譚は「普施商主型」の本生譚と「善友太子型」の本生譚の融合によって誕生した。口承文芸、昔話の研究に倣って言えば、普施商主型と善友太子型の話型（＝type、タイプ）のいずれも、主人公が海に入り如意宝珠を手に入れる物語を展開するものであり、[1]「異郷の訪問」と「呪宝の獲得」という共通の話型や大小のモチーフ（＝motif、構成要素）を複合的に持つ。善友太子型にはこれに加えて、「兄弟の葛藤」ともいうべき第三の話型、モチーフがあり、[2]これが常に本生譚としての主題を作り上げる。大施太子本生譚は、善友太子型の本生譚が持っていた「兄弟の葛藤」から来る「仏と提婆達多の因縁」という仏教的主題を放棄し、普施商主型の本生譚が持っていた「呪宝の獲得」から来る「精進」という主題を引き継いでいる。本章では大施太子本生譚の誕生の様相を具体的に見てゆくことにしたい。

仏教説話もまた、文学的な興趣（↓おもしろさ）がその生命であるが、一方、何らかの仏教の教えを伝える使命を持っていることも確かである。前者の文学性に関わるものは話型やモチーフ、さらに語りあるいは文章叙述であろうが、それらは後者の、いわば主題性あるいは思想性と相応ずる。話型やモチーフ、語りや文章は主題を変え得るものであり、主題は話型や語りを変え得るものである。あくまでも文学性を問うのであれば文章叙述のレベルまで考察しなければならないであろうが、本章では主に主題、およびその提示に関わる話型、モチーフを取り上げる。

一　善友太子型本生譚と普施商主型本生譚

『三宝絵』大施太子本生譚の後半を形づくる普施商主型本生譚については「第七章　大施太子本生譚の原型と展開」において論じた。その概要を示すならば、次の通りである――『三宝絵』大施太子本生譚・後半の直接的、あるいは間接的取材源となった『六度集経』の普施商主本生譚には多くの類型説話がある。これらを『六度集経』の説話に代表させて「普施商主型」と名付ける。これとよく似た説話が『三宝絵』大施太子本生譚・前半の直接的、あるいは間接的取材源になった『大方便仏報恩経』の善友太子本生譚であり、その類型の説話を『大方便仏報恩経』のものに代表させて「善友太子型」と名付けることにする。『三宝絵』の大施太子本生譚は前半部分が普施商主型、後半部分が善友太子型の話になっており、普施商主型でもあり、善友太子型でもあることになる。『賢愚経』のものも同じ構成を取っている。普施商主型本生譚、すなわち『大智度論』『仏本行集経』『生経』『六度集経』『賢愚経』の説話を読んでゆくと、その主題が「布施」から「精進」へ推移する動きがあったと見られる。また、パーリ語『ジャータカ』の第五三九話「マハージャナカ・ジャータカ」(＝Mahājanaka-jātaka)は「努め励むこと」をもともと説いていたと思われるが、こうした説話が普施商主型本生譚の変容に働きかけたのではないか――。「善友太子型」の名称についてはのちに挙げる律の文献に収められた善行太子本生譚によって「善行太子型」としても良いようなものであるが、本書では大施太子本生譚の誕生に関わった『大方便仏報恩経』の善友太子本生譚に因んでこのように呼んでいる。

さて、善友太子型本生譚と普施商主型本生譚とは話型が似ているのみならず、布施という本来的、あるいは潜在的主題についても交差する点がある。そのためか、善友太子型本生譚と普施商主型本生譚はときとして混淆し、結果として大施太子本生譚が誕生するに至った。第七章では専ら普施商主型本生譚について考察し、善友太子型本生譚にほとんど触れることがなかった。両説話はともに主人公が海に入り如意宝珠を獲得するという大筋を基本とするものである。そして両者の異なる点を挙げればまず、それぞれの主人公は普施商主型では商人（→商主、隊商主）であることが多く、善友太子型では専ら王子である。(3) 普施商主型では後半において奪われた如意宝珠を取り返すために主人公が海水を汲み奮闘する場面がある。それに対して、善友太子型では悪役の弟が登場し、後半において弟に目を潰された主人公の新たなる苦難の物語が展開してゆく。

善友太子型本生譚に見る幾つかのモチーフは、『阿育王経』や『阿育王伝』等に見えるクナーラ太子の説話(4)のモチーフと共通するものである。すなわち、クナーラ太子説話でのモチーフ順で示すならば、

一．不倫の誘いを拒み讒訴を受ける、(5)
二．両眼を潰され盲目となる、
三．琴を弾じて流浪する、
四．「真実の誓い(6)」によって両眼を回復する、

といったモチーフである。善友太子型本生譚では、これらのモチーフが、二・一・三・四・の順で現われる。主人公が海に出掛け如意宝珠を獲得する物語の一流が、重要なモチーフとして善悪を象徴する兄弟王子という登場人物を採り上げ、さらに、クナーラ太子説話あるいはその話型のモチーフを自在に選択して取り込むことによって善友太子型の説話が生じたのではないか。善友太子型説話と、普施商主型説話がそれぞれの発生にどのような影響を与えあったのかはわからない。本章ではそれらの誕生についてはさておき、善友太子本生譚が普施商主本生譚と融合することによって大施太子本生譚が誕生することになった、いわば次の段階の事柄について考えるのである。

話型が作り上げる主題について言うならば、善友太子型の本生譚はどのような主題を担う説話であり、その点で大施太子本生譚の誕生とどのような関係にあるのであろうか。結論の一部を先取りすれば、善友太子型本生譚は、律の「破僧事」、提婆達多による教団の分裂事件に関わる本生譚であり、必ず「破僧」の因縁、提婆達多は過去においても仏に対し恩を知らなかったが仏は彼を慈悲の念を持って見た、などといったことを説くものである。善悪の兄弟というモチーフがあるかぎり、仏教説話の本生譚はこの主題と分かちがたく結ばれるのである。以下主に、『三宝絵』『四教義』、漢訳仏典の『大方便報恩経』と『賢愚経』、そしてサンスクリット文献『サンガベーダ・ヴァストゥ』(= *Saṃghabhedavastu*) の善友太子型本生譚を見てゆく。(7)

二　『三宝絵』『四教義』大施太子本生譚

『三宝絵』上巻第四話の大施太子本生譚は「精進波羅蜜」、仏道を求める努力の完成を教えようとする説話である。

波羅奈国《はらな》（＝Vārāṇasī）の大施太子が衆生に物を与えるため如意宝珠を求めて海に入り、苦難の果てにそれを手に入れ究極の布施を全うするというものである。『六度集経』と『大方便仏報恩経』に見える説話であると説話の末尾に記されている。本生譚の構造に従ってこの説話を示そう(8)。

①序＝「菩薩は、世々に精進波羅蜜を行ふ。其の心に思はく、『もしはげみ勤めずして常に休み怠ることを成さば、生死の家を離れずして菩提の道に向ひ難かるべし』と念ひて、諸の念ひ立ちぬる事に怠り捨つる事なし(9)。…」

②過去物語＝　昔の世、波羅奈国に大施太子がいた。あるとき、太子は人々が衣食のために動植物を殺すのを見て悲しみ、蔵の宝を貧民に与えるようになった。そして、海中の如意宝珠を取りに行きたいと父王に願った。食を断って七日起き上がらない大施に王も説得され、海の道に精通している八十才の盲目の老人を同行させた。大施が船を用意したところ、五百人の商人が同船を希望した。大施は七つの鉄鎖で船を繋ぎ、毎朝一つずつ解きながら「残りたい者は残りなさい」と忠告し、ついに出帆した。

船はまず宝の山に着き、船と商人たちとを残して、大施と老人はさらに進んだ。七日の間は膝まで、さらに七日の間は首まで水に浸かって歩き、次の七日間は水に浮かびつつ、銀の砂の浜に着いた。東南に見える銀の山を目指して行き、やがて金の砂の浜に到着した。ここで、老人は「ここから東に七日間行けば青い蓮の花が咲いている所に出る。さらに七日間行けば赤い蓮の花が咲いている所に出る。さらに行けば龍王の宮に着く」と言って死んだ。

大施は一人進み、蓮を守る青い毒蛇も彼には手を出さなかった。ようやく辿り着いた龍王の宮では毒龍が堀を守り「玉の女」が門を守っていた。龍王に迎えられた大施は龍王の左耳の中の玉を乞い、七日間の供養ののちにこれを得た。そして、ある龍に送られて故国の岸に帰った。
しかし、龍たちは玉を惜しみ、取り返すことを計画していた。一匹の龍が人の姿に化けて大施から玉をだまし取り、海に飛び込んでしまった。大施は「生まれ変わりつづけても海を汲み干してやる」と誓い、海水を貝殻で汲み干そうとした。その姿を哀れんだ天人たちが力を貸したので、たちまち海水の十分の八がなくなった。あわてた龍王は玉を返した。大施は宮に帰り、月の十五日に玉を拝んで「全ての宝を降らせて下さい」と願った。すると、あらゆる宝が降って膝の高さに積もった。

③結＝　「苦びを堪へ心を励して、誓ひを発し、海を汲みしかば、是れを精進波羅蜜を満つるとなり。昔大施太子と云ひしは、今の釈迦如来なり。『六度集経』『報恩経』等に見えたり。絵有り。」

ここで②過去物語は、①序と③結の枠組みによって、大施太子が如意宝珠を取り戻すため海水を汲むことに「努め励んだ」話であるので、精進波羅蜜の例証話だということになっている。その文章は、大施太子が如意宝珠を手に入れるまでの前半については『大方便仏報恩経』に由来し、海水を汲む場面を中心とする後半は『六度集経』に出来する。(10) 一方、『三宝絵』の大施太子本生譚と非常によく似ているがもっと簡略な叙述しか持たない話が『四教義』にある。(11)『四教義』は智顗（〜隋・開皇一年〈五九七〉）述と伝えられるが、その巻第七では菩薩について、さらに六波羅蜜について説いている。「毘梨耶《びりや》波羅蜜」、すなわち精進波羅蜜の例証話として挙げられた説話の主人公の名は「大施太子」である。『三宝絵』の和文と対照しやすくするため漢文を書き下して示せば次のようになる。

問ひて曰はく、「毘梨耶波羅蜜は云何が満ずる」と。答へて曰はく、「若しは大心有ること、大施太子の如し。一切衆生の為に海に入りて宝を採る。龍王より如意珠を得、閻浮提に将て還りて衣服・宝物を雨らし、衆生に布施せんとす。海神珠を惜しみ、因りて其の睡臥せるに即ち其の珠を盗み取り、海宮に将て還る。太子覚め已り、此の珠の為の故に誓ひて此の身を以て大海の水を抒《く》み、海をして乾き尽くさしめ、海神より珠を索めんとして心定りて懈らず。帝釈・諸天、太子の心の物の為に精進して身命を惜しまざるに感ず。即ち諸天を将て海水を抒むを助け、水遂に半ばを減ず。海神怖れ慚愧の故に珠を還す。亦、釈迦菩薩の弗沙佛に値ひて、七日七夜一脚を翹《あ》げて目暫くも眴《す》てざるが如し。是くの如き等、身命を惜しまず物の為に精進す」と。

『四教義』の大施太子本生譚には悪役の弟が登場せず、したがって盲目となった主人公の流浪も描かれない、普施商主型の説話となっている。これは、『大智度論』巻第四の非常に凝縮された文章を参考にしているかもしれないが、『大智度論』ではその主人公の名を「大施太子」ではなく、単に「大施菩薩」としている。(12)『三宝絵』大施太子本生譚の出所、あるいはそれに基づいての作文のされ方について一つの可能性を述べれば——『三宝絵』では『四教義』の簡潔な記述を取り上げて自らの文章の下敷きとし、叙述を尽くすため、後半は『六度集経』の普施商主本生譚に従った。しかし、『四教義』ではその主人公を「太子」としていたために、『三宝絵』の前半は、普施商主本生譚とよく似た『報恩経』の善友太子本生譚に基づいて作文する工夫をした——とも考えられる。もう一つの可能性は——何らかの仲介文献にそういった作りの説話が既に存在していて、『三宝絵』はその仲介文献を通じて、そうした説話の流れを汲む結果となった——ということである。後者の可能性がより高いのかもしれないが、そうした仲介文献は発見されていない。そのようなとき、説話の本質に迫る有効な方法は、残存しない文献を想定しつつも残存する文献を最大限に活用することでしかない。

いずれにせよ、大施太子本生譚の誕生の端緒は『四教義』に見えるが、その完成した姿は『三宝絵』のものが最初である。しかし、「大施」という名前や、普施商主型と善友太子型との融合は、後述のように『賢愚経』の大施婆羅門本生譚あたりに遡る。

三　『大方便仏報恩経』善友太子本生譚

『三宝絵』前半の叙述の基となった『大方便仏報恩経』は後漢代（〜二二〇年）の訳、訳者は不詳と伝えられる。一外道の「仏は親を捨てて出家したから忘恩の徒である」という中傷を契機として、仏が「一切衆生のための出家は一切父母のための報恩である」云々と説いたというものである。巻第四「悪友品」には、提婆達多は今の世にのみならず過去の世にも仏に悪心を持って危害を加えたが、仏は慈悲心を抱いて彼を見た等と、両者の過去・現在の因縁を語る本生譚三話がある。善友太子本生譚はそのうちの一つである。(13)

①現在物語＝　あるとき仏が、「提婆達多が自分を害しようとしたのは今の世のことばかりではなく過去の世もそうであったが、私は慈悲の力を以て彼を救ったのだ」と言って、過去の出来事を説きはじめた。

②過去物語＝　昔、波羅奈国の摩訶羅闍《まからじや》（＝Mahārāja、大王）の第一夫人と第二夫人にそれぞれ「太子」が生まれた。性質の悪かった第一夫人が子を身ごもって善良になったので、その子は善友太子と名付けられた。第二夫人は性質が良かったのに身ごもって意地悪になったため、子どもは悪友太子と名付けられた。善友は慈悲深く布施を好み父母に愛されたが、悪友は乱暴者で父母に憎まれ、いつも善友に危害を加えようとしていた。あるとき、善友は人々が衣食のため生き物を殺し、また苦しむ姿を見て、父王の蔵の宝によって布施を行うようになった。

そのため、蔵の宝は三分の二が費やされたので、善友は諸臣に諮って摩尼宝珠を取りに行くことを決意した。これに反対する両親も、六日間食を取らない息子についに折れた。五百人の伴の者、「海師」とも「導師」とも呼ばれる八十歳の盲目の老人、そして、弟の悪友を同行した善友は七つの鉄鎖で船を止め、道の困難なことを説いて一日に一つずつ鎖を解き、ついに七つの鎖を解いて出帆した。

悪友と五百人は最初に着いた宝の山に残ったが、老人と善友は七日間膝までの水の中を、次の七日間は首までの水の中を歩き、次の七日間は水に浮かびつつ前進して銀の砂の地に着いた。白銀の山の麓を通り、金の砂の所まで達したとき、行くべき道を教えて老人は死んだ。善友は教えの通り、金の山を過ぎ、青い蓮華の野で蓮華にからむ毒龍たちにも「慈心三昧」（＝慈心力[14]）によって妨げられず、一人龍王の宮に辿り着いた。毒龍どものわだかまる七重の堀を「慈心念」（＝慈心三昧）によって越え、三つの門を守る下婢たちに許されて宮殿に入った。そして、海龍王に請い、七日問の饗応ののち王の左耳の中の如意摩尼宝珠を与えられ、龍神たちに空から送られて海岸に戻った。

ここで善友は、船が沈み宝を失った悪友と再会した。そして、眠っているときに弟によって竹の棘で両眼を潰され、如意宝珠を奪われてしまった。善友は許婚のいる利師跋国《りしばつ》（＝Ṛṣipatana ?）へと流浪し、ある牛飼いに助けられた。そして、その家にしばし留まったのち、やがてその家を出て、琴を弾じて生命を繋ぐようになった。それから、利師跋国王の果樹園の鳥追い芸人となり、国王の娘に見出されて彼女に愛されるようになった。国王の婿となった善友は、あるとき妻の不貞を疑った。妻はそれを否定する誓い（＝真実の誓い）を、善友は自らの正体を明かす誓い（＝真実の誓い）を行うこととなり、善友はそれらの誓いの力によって両眼を回復した。

おりしも、波羅奈国では善友の母が息子の飼っていた白雁に手紙を託し、雁は無事善友のいる場所へと飛び来たった[15]。それによって善友は両親が嘆きのあまり失明したことを知り、善友の返信を読んだ父王は利師跋国王に善友を返すよう求めて来た。善友は国に帰り、投獄されていた悪友を釈放した。そして、如意宝珠を取り返して両親の目を元に戻した。また、月の十五日に如意宝珠に誓願を立て、美服、装飾品、金銀七宝等を雨のように降らせた。

③連結＝　仏は言われた。「菩薩が大慈悲の行・檀波羅蜜（＝dānapāramitā、布施波羅蜜）を修めることにより衆生に一切を与えるとはこうしたことである。そのときの波羅奈国王は私の父・悦頭檀《えつづだん》（＝Śuddhodana、浄飯王）、妃は母・摩耶夫人、悪友は提婆達多、善友太子は私である。提婆達多は過去の世に常に悪心を抱いて私を害しようとした。私は忍辱の力によって常に彼に恩を施したため、今仏となったのだ」と。

『報恩経』善友太子本生譚の②過去物語は、このように、王子が海に入り如意宝珠を獲得する物語である。生きんがために殺生を犯す人々を見ての決意に始まり、海の道を知る老人や五百の商人の同行というモチーフ、また、海龍王の宮への道行きの描写など、前半部分のかなり細かなモチーフに至るまで『三宝絵』に取られていることがわかる。しかし、決定的に異なるのは、『報恩経』が善の兄王子に対立する悪の弟王子という登場人物を持つ（、それに付随して、両者を孕んだ母親の性格が善良に、あるいは意地悪になる）ことである。そして、両眼を潰される以下の、クナーラ太子説話に見るのと同様のモチーフの連続によって、主人公の流離と苦難を叙述を尽くして語っている。それとあいまって、①現在物語、③連結の枠組みにより、「布施」ではなく、また「精進」でもなく、過去においても現在においても提婆達多が仏の恩を知らなかったという、仏と提婆達多の因縁、そして仏の慈悲というものが本生譚全体の主題として打ち出されている。(16) それでいて、③連結では「布施」の主題を潜在的に複合している。『報恩経』善友太子本生譚は、このように話型のみならず主題という点についても、『三宝絵』大施太子本生譚とはかなり異質な説話である。

四　『サンガベーダ・ヴァストゥ』「カリヤーナカーリン・ジャータカ」

義浄訳『根本説一切有部毘奈耶破僧事』については、サンスクリット文献『サンガベーダ・ヴァストゥ』（= *Saṃghabhedavastu*）が残っているので、そこに収められた「カリヤーナカーリン（= Kalyāṇakārin）・ジャータカ」を見てみたい。幾つかある善友太子型本生譚はほぼ全て漢訳仏典に収められたものであり、「カリヤーナカーリン・ジャータカ」はサンスクリット文献に収められて残存したもので、刊本となった文献に見えるほぼ唯一の例である。

さて、『サンガベーダ・ヴァストゥ』は説一切有部の律（= vinaya、毘奈耶）の文献の一つである。デーヴァダッタ（= Devadatta、提婆達多）による破僧、僧団分裂の経緯を説くものであり、デーヴァダッタの破僧に至るまでの仏伝となっている。その中には、デーヴァダッタが過去の世にも恩知らずであった、過去の世にも苦を受けたなどと語る本生譚が三十話以上ある。「カリヤーナカーリン・ジャータカ」は、仏が「デーヴァダッタは今の世においてのみならず過去の世にも無知であった」と説く、一連なりの十の本生譚の第八である。全体を統括する現在物語は次のようである（要約）。

①現在物語＝　世尊は告げられた。「修行僧らよ、デーヴァダッタは今の世においてのみならず過去の世にも無知であったのだ」。

第八の「カリヤーナカーリン・ジャータカ」は次のように語られる（要約[17]）。

②過去物語＝　昔、ある国の王に美しく立派な王子が生まれた。その誕生のときに多くの吉祥なること（＝kalyāṇa、カリヤーナ）が起こったので、大臣たちの進言によって王子はカリヤーナカーリン（＝Kalyāṇakārin、良いことを行う者、善行）と名付けられた。善行は八人の養育係によって、乳糜などを与えられて育った。それからまた王子が生まれたが、その誕生のときに多くの不吉祥なること（＝akalyāṇa、アカリヤーナ）が起こったので、王子はアカリヤーナカーリン（＝Akalyāṇakārin、悪いことを行う者、悪行）と名付けられた。カリヤーナカーリンは情け深く、布施の願いを持ち、修行者や貧しい者に布施を行った。父王はこれを止めようとしたが、カリヤーナカーリンの名声は広まり、異国の王から娘を与えるとの申し出があった。カリヤーナカーリンは「財を得てから」と言って、大海に出ることを伝えた。アカリヤーナカーリンは、「人々に愛される兄が荷を満載して帰ってきたら、ますます愛される。兄に同行してこれを殺せば、自分が王位に即ける」と考えて、同行を申し出た。カリヤーナカーリンが「私、商主と海を渡る者は商品を持って来たれ」と呼び掛けると、商人たちによって多くの商品がもたらされた。

出帆ののち、とある海岸に着き、船を仕立てると、また出発した。カリヤーナカーリンは弟に「船が難破することがあったら自分の首に摑まるように」と教えた。やがて船は宝の島に到着した。船は宝でいっぱいになったが、カリヤーナカーリンは大いに価値のある宝を腰に着けた。ところがそのあとすぐに船はマカラ大魚に当たってしまった。アカリヤーナカーリンは兄の首に摑まり、カリヤーナカーリンの大奮闘によって二人は助かった。ここでアカリヤーナカーリンは疲れ果てて眠る兄から宝を盗み、その目を潰して立ち去った。そこへたまたま牛飼いたちがやってきて、カリヤーナカーリンを縁者の家に連れて行った。カリヤーナカーリンは琴をかき鳴らして聴かせるようになった。その家の主婦が彼に愛欲を起こしたが、彼は受け入れず、彼女の讒訴によってその家をも出た。そして辻々で琴を弾き命を繋いだ。

やがて彼の父が死に、アカリヤーナカーリンが即位した。カリヤーナカーリンは婚約者のいる国にやってきたが、時あたかも王や大臣の息子らが彼女に求婚して到着しているところであった。困惑する父王に彼女は婿選び式を行うことを提案した。そこで婿選び式の宣言がなされ、町は美しく整えられた。翌日彼女は輝くばかりの姿で婿選び式を執り行った。その中で琴を奏でるカリヤーナカーリンを見て愛情を抱いた王女は「これが私の夫です」と言った。訝む王も彼女の意志を尊重した。王女とカリヤーナカーリンは言葉を交わすうちに、まず王女が「私があなたとカリヤーナカーリン王子だけを愛しているという真実によってあなたの片眼が治りますように」という「真実の誓い」を行った。すると、その力によって彼の片眼が治癒した。つづいて「私こそがそのカリヤーナカーリンである」という彼の「真実の誓い」によって、もう片方の眼も治癒した。カリヤーナカーリンは王女を連れて大軍とともに国に帰り、アカリヤーナカーリンを追放して王位に即いた。

③連結＝「修行僧らよ、そのときのカリヤーナカーリンは私、アカリヤーナカーリンはデーヴァダッタである。デーヴァダッタはそのときにも無知であり、今もまた無知なのだ」。

『サンガベーダ・ヴァストゥ』には、食べるために殺生を犯す人々を見た主人公が父の財産によって布施を行うという記述がなく、また、案内の老人や道行きの描写もない。全体として簡略な物語となっている。そして、①現在物語、③連結の枠組みによって、デーヴァダッタが今の世においてのみならず、過去の世にも無知であったと説くものであるが、「カリヤーナカーリンが布施を好む」、あるいは「カリヤーナカーリンの大奮闘によって海から脱出する」といったモチーフもあり、とかくこの話型の説話が「努力（＝精進）」「布施」といった主題へ引き付けられてゆく性格を持っていることが知られる。(18) なお、『サンガベーダ・ヴァストゥ』の、デーヴァダッタが無知であったと説く一連の十話の中には、他に、花環作りの男が恩のある猿の眠っているすきにその猿の頭を割って殺す話（第三話）、木樵が恩のある熊の眠っているすきにその熊を木から落として殺す話（第六話）がある。文献の編集に際して、「生命の恩人が眠っているすきに害を加える」というモチーフの点で一種の連想が働いているようだ。

『根本説一切有部毘奈耶破僧事』は義浄によって漢訳された（唐・久視元～景雲二年〈七〇〇～七一一年〉）。巻第一五～二〇において、提婆達多が過去世にも仏に対して「無恩無報」であったことを説く本生譚を一二話、提婆達多が過去世にも仏に対して恨みを抱いたということを説く本生譚を五話、その他、仏と提婆達多の過去・現在の因縁を説く本生譚を数多く載せている。そのうちの善行太子本生譚は提婆達多が過去世にも仏に対して「無恩無報」であったことを説く全十の本生譚の第八である。先ほどの『サンガベーダ・ヴァストゥ』の「カリヤーナカーリン・ジャータカ」に対応するものである。(19)

また、『四分律』は仏陀耶舎が後秦・弘始一〇年（四〇八）に漢訳したものであるが、巻第四六「破僧犍度」第一五に提婆達多が過去の世にも仏によって苦悩を受けた、仏の弟子を破滅させようとしたなどの本生譚等三話を含んでいる。善行太子本生譚は、提婆達多は過去の世にも恩に背いて仏の弟子を破滅させようとしたのだと語られるものである。(20)「月王」「月益王」「修羅吒《すらた》河」といった固有名詞らしきものが記されている他、二人の仙人がそれぞれ善悪の王子に転生するというモチーフが見える。また、失明した善の王子を保護するのが、王子の許嫁の父王の園林を番する老母であり、二児を持つというのも他とは異なる。

『賢愚経』巻第九「善事太子入海品」第三七の善事太子本生譚もまた、提婆達多は過去においても仏に害を与えたが仏は彼を憐れんだと説く。[21]『報恩経』の善友太子本生譚によく似ており、筆を尽くした叙述になっている。『賢愚経』では善悪の王子の父の名が「勒那跋弥《ろくなばつみ》」「宝鎧」と併記され（＝Ratnavarman）、第一夫人、第二夫人の名も記しているが、これは他に例を見ない。また、『賢愚経』では善の兄王子の名は「迦良那伽梨《かろうなかり》」「善事」と併記されるが、これは『サンガベーダ・ヴァストゥ』のカリヤーナカーリン（＝Kalyāṇakārin）に相当し「良いことをする人」の意、悪の弟王子は「波婆伽梨《はばかり》」「悪事」とあるが、これはパーパカーリン（＝Pāpakārin）であり、『サンガベーダ・ヴァストゥ』のアカリヤーナカーリンに当たる。どちらも「悪いことをする人」といった意味である。ここにも、二人の仙人が善悪の王子に転生するというモチーフが見える（このモチーフは『報恩経』の善友太子本生譚にはない）。

五　『賢愚経』善求商主本生譚

『賢愚経』は慧覚訳、北魏の太平真君六年（四五一）成立と伝えられる（本書・第二章参照）。『賢愚経』にはあわせて三つの善友太子型本生譚がある。そのうちの巻第九「善求悪求縁品」の善求商主本生譚は異色の存在となっている。[22]

①現在物語＝　提婆達多は出家しても三逆罪を作り、仏を傷つけなどした。そして、罪福はないと説く六師の説を信じ、善根を断じた。阿難がこれを嘆くと、仏は言った。「提婆達多は今の世に善根を断じたばかりでなく、過去の世にも利を貪り、命を失ったのだ」と。

②過去物語＝　昔、波羅奈国に摩訶夜移《まかやい》という「薩薄《さつぱ》」（＝sārtha-vāha、商主、隊商主）がいた。その妻が身ごもって善良・柔和になり、端正な男児を生んだ。父母はこれを愛し、善求と名づけた。妻は再び身ごもると性悪となり、生まれた子は醜く悪求という名を得た。悪求は善求を嫉妬した。二人は成長ののち海に入って宝を求め、五百人の者が彼らに従った。道中で食糧が尽きたとき、豊かに枝葉の茂る木を見つけ、そこには泉も湧いていた。ある神が「その枝を折ると必要な物が出てくる」と教えたので、その教えに従うと、ある枝からは飲み物が、ある枝からは食べる物や美服、宝物が出てきた。悪求はこれを貪り次々と枝を切らせた。善求は弟を止めようとしたが聞き入れられず、立ち去った。そこへ五百の羅刹が出現し、悪求たちを喰らいつくした。

③連結＝　仏は告げられた。「そのときの善求は私、父は浄飯王、母は摩耶、悪求は提婆達多である。提婆達多は今日のみ不善をなしたのではない。昔にもまた私の良い教えを用いず、かえって恨みを抱いたのである」と。

これもまた、海の宝（↓如意宝珠）を求める物語であるが、その主人公が王子でなく商人である。そして、両眼を潰される以下のクナーラ太子型の説話のモチーフを全く持っていない。そういった意味では普施商主型に最も近い善友太子型本生譚である。その上、宝の島や龍宮が登場しないかわりに、飲食物や宝物が出て来る不思議な樹木が現れるなど、他の善友太子型本生譚とはかなり異なっている。しかし、善友太子型本生譚としての主題にぶれはない。善悪の兄弟というモチーフがあるからである。

六　『賢愚経』大施婆羅門本生譚

既に見たように、大施太子本生譚の誕生の契機を見せているのは『四教義』であった。しかし、それに先立って『賢愚経』巻第八「大施抒海品」第三五の大施婆羅門本生譚にもう一つの端緒が見えている。大施婆羅門本生譚は次のように語られる(23)。

①現在物語＝　あるとき仏が侍者を用いようと考えた。その心が他ならぬ阿難にあることを知った仏弟子たちは阿難に侍者になることを懇請した。阿難は「仏が時節については自分の裁量に従うなどの三つの願いを許されるならば」と申し入れた。仏は、「阿難が私に仕え、時宜について任されていたのは今ばかりでなく過去の世においてもそうであった」と言って、過去のことを説いた。

②過去物語＝　昔、大国王がいて、王城は婆楼施舎《ばるせしゃ》といった。尼狗楼陀《にくるだ》（＝Nyagrodha）という師の婆羅門は富裕で梵天等に祈り子を得た。子を身ごもったときに性悪の母親が慈悲深くなったその変異によって、子供は摩訶闍《まかじゃ》迦樊《かぼん》・大施（＝Mahātyāgavat）と名付けられた。大施はあるとき、乞食、屠殺者らの業を見て、衣食のために衆生を殺害する彼らがのちには地獄に堕するであろうと思い至った。彼は父の財産を使ってあらゆる布施を始め、たちまち蔵のものは三分の二、さらにはその三分の二が費やされた。そこで大施婆羅門は人々に諮って海の珍宝を探しに行くことにした。六日間食を断つ大施に両親もついに説得された。

大施は隊商主となり五百人の随行者を伴って出掛けた。道中、法鉢城の迦毘利《かびり》婆羅門に借金をして帰路にはその娘を受けることを約束した。そして、大施は海辺に船を七重に繋ぎ、海中の難を唱えて順々に七つの綱を断ち再出発した。やがて宝のある所に到着し、大施は五百人の乗る船と別れた。一人になった大施は初めの七日間膝まで水に浸かり、最後の七日間は水に浮かびなどして前進し、ようやくある山麓に達した。そして、七日間山を登って、七日間平らに歩き、七日間は下って水辺に至った。そこには金の蓮華が咲き毒龍どもが絡んでいたが大施が「慈三昧」に入ると七日の間無事に進んで行くことができた。また、大施の志に感じたある羅刹は彼を四百由旬の間運んでくれた。

ついに大施は銀の龍宮に到達した。七重の堀に毒蛇が満ちていたが、「慈心」によって無事に通り、門を守る二匹の龍も同様に彼を通した。そして龍王に如意宝珠を請い、一月の説法ののち龍王に髻の珠を与えられた。この珠は二千由旬に宝を雨らすという。大施はさらに行き、瑠璃の龍宮、金の龍宮でそれぞれ、四千由旬、八千由旬に宝を雨らす珠を得た。大施はこれらの珠によって虚空を飛んで海を抜け、しばらく眠り休んだ。

このとき、龍たちは三つの珠を惜しんで珠を盗んだ。目覚めて訳を悟った大施は命終わるまで海水を汲もうと決意し、亀の甲を持って汲みはじめた。海人が来り「たった一人で汲み尽くそうというのか」と問うたが、大施は「心が怠らなければできないことがあろうか」と答えた。しかし、このとき五浄居天の神々が手を貸したため、三回で百二十里の水がなくなった。狼狽した龍は珠を返し、「あなたはこのように精進してついには仏道を成ずるだろう」と言った。その後大施は随行者と落ちあい、迦毘利婆羅門の娘を娶って帰国した。そして、悲しみのあまり盲目となった両親の目を如意宝珠によって治し、また、如意宝珠に祈って一切の人民に飲食、五穀、衣服、七宝などを雨らせ与えた。そして彼らに教えを説いて善を行わせ、死後には天に生ぜしめた。

③連結＝　そのときの父・尼狗楼陀婆羅門はわが父、母はわが母、大施は私である。銀城の龍は舎利弗、瑠璃城の龍は目連、金城の龍は阿難、海人は離越（＝Revata）である。阿難はそのときにも私に仕えて時宜を知っていたし、今日もまたそうである。

『賢愚経』の大施婆羅門本生譚は『三宝絵』の大施太子本生譚と同じく、普施商主型と善友太子型とが融合した、新たな話型となっている。母親に現れた吉祥、生きんがために殺生を犯す人々を見ての決意など、善友太子型・前半の持っていたモチーフの多くを受け継いでいるが、悪役の弟は登場しない。そして、その主題は善友太子型本生譚の主題、提婆達多が過去の世にも仏に危害を加えた、あるいは仏が彼を憐れんだといったことではない。同じく過去・現在の因縁であるが、②過去物語において金城の龍が大施婆羅門に仕え説法を受けたと語られる点を捉え、阿難が仏の侍者となったのは今の世においてのみならず過去の世においてもそうであったと、律の文献にしばしば取り上げられる別の事柄に引き寄せている。なお、この話で主人公の父は王に仕える婆羅門であるが、その後の叙述では王は全く登場せず、父が王であり主人公が王子であると錯覚させるような描かれ方になっている。のちにこの主人公の名が大施「太子」となってゆく契機がそこに見えるのではないか。

おわりに

『三宝絵』の大施太子本生譚を形作ったのは、善友太子型本生譚と普施商主型本生譚である。いずれも、主人公が海に入り如意宝珠を獲得する物語である。「異郷の訪問」「呪宝の獲得」という共通する話型の複合形であるため善友太子型本生譚と普施商主型本生譚は混淆する傾向があったが、「兄弟の葛藤」話型の有無によって、最終的に打ち出された仏教的な主題の点で明白な相違がある（ただし、いずれも「布施」という主題を提示する可能性を持つ）。

善友太子型本生譚は律文献に見える説話である。そこには善を象徴する兄王子と悪を象徴する弟王子が登場し、兄が弟に危害を加えられるが結局これを克服し、しかもなお弟に慈悲の念を持つ、といったストーリーを持つものであるので、提婆達多破僧の因縁、王族・クシャトリヤであって従兄弟（≠兄弟）同士である仏と提婆達多の因縁を説くには格好の題材であったと思われる。これらは、話型という点からは大きく三つに分けられる。第一には『大方便仏報恩経』の善友太子本生譚、『サンガベーダ・ヴァストゥ』の「カリヤーナカーリン・ジャータカ」、『根本説一切有部毘奈耶破僧事』、および『四分律』の善行太子本生譚、『賢愚経』の善事太子本生譚の説話群がある。それらの過去物語において連なる主なモチーフは、

一．善の兄王子と悪の弟王子が生まれる、
二．善の王子が衆生のために財宝（↓如意宝珠）を取りに行く決意をし、悪の王子が同行する、
三．善の王子が宝の島あるいは龍宮で財宝（↓如意宝珠）を手に入れる、
四．善の王子が悪の王子に目を潰され財宝（↓如意宝珠）を奪われる、
五．善の王子が牛飼いなどに助けられ、その後琴を奏でて放浪する、
六．許嫁の王女が善の王子を見初める、
七．王女と善の王子の真実の誓いによって王子の両眼が回復する、
八．善の王子が財宝（↓如意宝珠）によって布施を行う…

などである。『サンガベーダ・ヴァストゥ』『破僧事』の五．では、善の王子が牛飼いの家を出る理由が、牛飼いの妻の横恋慕とその讒訴によって…となっている。

また、善悪の王子を孕んで善性の母親が悪性に、悪性の母親が善性に変わる、あるいは、善悪の王子の誕生に際し

て善悪の現象が起こるといったモチーフが加えられることも多い（『報恩経』善友太子本生譚、『サンガベーダ・ヴァストゥ』「カリヤーナカーリン・ジャータカ」、『破僧事』『四分律』の善行太子本生譚、『賢愚経』善事太子本生譚）。善の王子が生きるために殺生を行う人々を見て悲しむというモチーフがあって、詳しい描写が行われている場合もある（『報恩経』善友太子本生譚、『賢愚経』善事太子本生譚）。盲目の老人の案内者が登場することもある（『報恩経』善友太子本生譚、『賢愚経』善事太子本生譚）[24]。とかく、『報恩経』善友太子本生譚と『賢愚経』善事太子本生譚とは似ており、他に雁の使いのモチーフも共通するが[25]、異なる点もある。二仙人が善悪の王子に転生するというモチーフが善事太子本生譚にあって善友太子本生譚にないこと、善事太子本生譚に龍王が登場しないこと等である。また、善事太子本生譚は独自な人名を持っている。総じて、これら善友太子型本生譚の話群において、善悪の兆し等はきびきびと軽快に語られ、牛飼いの妻の讒訴がなければ牛飼いとの交流が、また、道案内の老人が登場していればそれとの交流が情感豊かに語られる。

以上のものに対して、第二に『賢愚経』善求商主本生譚がある。その過去物語では主人公が商主であって、先ほどのモチーフの四．から七．（、そして八．）を欠いている。一．から三．に相当するモチーフ、善の兄が宝を手に入れる経緯もかなり異なった様相を見せる。そこには不思議な樹木が現れ、その枝から食糧や宝物が出て来る。

第三に、普施商主型本生譚と結合して大施太子本生譚となったものがある。「大施太子」の登場があっていわば「名実」の「名」を備えているのが『四教義』大施太子本生譚、話型の点で「実」を備えているのが『賢愚経』大施婆羅門本生譚、「名実」ともに備わっているのが『三宝絵』大施太子本生譚である。そこでは一．と二．のモチーフに善の王子に対立する悪の王子を欠き、必然的にモチーフの四．から七．、すなわち、失明した善の王子の流浪の物語がない。しかし、善友太子型本生譚の第一話型――善の王子の如意宝珠獲得とその後の失明と流浪――の前半が持っていた細かいモチーフを多く受け継いでいる。

善友太子型本生譚は述べてきたような重い主題を背負わされた説話であり、善悪の兄弟王子というモチーフが重要なものとして強く意識されていたためであろう、このモチーフがあるかぎり主題が他のものに転換されることは決してない。多くの説話が内包するモチーフの中から自在に主要なモチーフを選択し、主題として提示するのに比べると、これは特異な例である。善悪の兄弟王子というモチーフがあれば、他のモチーフとの組み合わせがいかに変わろうとも、本生譚（↓仏教説話）としての主題は「仏と提婆達多の因縁」なのである。『賢愚経』の大施婆羅門本生譚は話型という点から言えば普施商主型と善友太子型が融合したものであるが、ここには善友太子型本生譚の主題が持ち込まれず、（と言って普施商主型本生譚のそれでもない）別の主題に転じている。ここに悪役の弟は登場しないからである。『四教義』の大施太子本生譚は「大施太子」を主人公としつつ、実際の叙述は普施商主型に即してなされており、その主題は精進波羅蜜である。『三宝絵』の大施太子本生譚の場合には、普施商主型と善友太子型が融合した話型が取られる一方、普施商主型本生譚の主題、精進波羅蜜が生かされている。このように大施太子本生譚の主題は普施商主型本生譚の精進波羅蜜を取る傾向があり、いずれにせよ善友太子型本生譚の重い主題からは解放されている。大施太子本生譚は精進という主題の点では普施商主型本生譚の流れを汲むものなのである。説話の転変の中に、仏と提婆達多の因縁を説く善友太子型の主題から解放されるために、悪役の弟が切り離されるという動きがあったのであろう。このように、大施太子本生譚は、日本文学の『三宝絵』を待ってその誕生が確認される稀有の例である。

注

（1）善友太子型、普施商主型の説話を主として取り上げた論考には、管見の限りでは、『文学として表現された仏教』（『前田惠學集』第五巻、山喜房仏書林、二〇〇四年）「第1章　インド仏教文学に見られる他世界」、初出・一九五九年）、瀬間正之『記紀の文字表現と漢訳仏典』（おうふう、一九九四年）「第二章　『海宮訪問』と『経律異相』」など。ただし、これらは本章とは全く異なる観点を持つものである。

（2）昔話、口承の説話では話型の研究は早くから進んだ。アンティ・アールネとスティス・トンプソンの業績が先駆的なものであり、日本にもそれに倣った話型研究がある。文献の説話の世界ではそうした基準的なものが存在しないために、必要に応じて昔話の話型研究に倣い、個別に行われることがある。Antti Aarne and Stith Thompson, *The Types of the Folktale: A Classification and Bibliography* (FF Communications No. 184), 1961, Helsinki.　柳田国男『日本昔話名彙』（日本放送出版協会、一九四八年）、関敬吾『日本昔話大成』（角川書店、一九八〇年）など。異郷の訪問、呪宝の獲得、兄弟の葛藤といった話型は世界的に見られるものであるが、そこにインド的な特徴が加わり、あるいは仏教説話としての要請にも応えて普施商主型本生譚、善友太子型本生譚が作り上げられる。

（3）しかし、その王子が自ら商主、隊商主となる話も多い。

（4）この説話については、岩本裕『佛教説話の源流と展開』（開明書院、一九七八年）「佛教説話の展開」「第四章　クナーラ太子の寛容」、松村淳子「ジャイナ所伝のクナーラ物語」（『仏教研究』（第一四号、一九八四年）、鈴木奈南「クナーラ太子流離譚小考」『研究年報』（第一九号、一九八六年）。

（5）青年が父や兄の妻や主人の妻などから不倫を要求され、これを拒絶して父、兄、主人などに讒訴されるというモチーフは『旧約聖書』『創世記』第三九章のヨセフとポテパルの妻の話に現われているのが最も有名かと思われ、相当な歴史の長さと地域の広がりが想定される。アングリマーラの説話にも一モチーフとして現われているのを既に見た（本書・第四章・二参照）。このモチーフはエジプト起源と言われ、『イリアス』（ホメロス、紀元前八世紀頃）を初めとするギリシャの古典文学作品に見え、その他の地域へも伝播している（Cecil Maurice Bowra, *Heroic Poetry*, London, 1961, pp.402-403.）。エジプトのものはオービニー・パピルスと呼ばれるものに記録されている（矢島文夫編『古代エジプトの物語』「二人兄弟の話」「解説」九四頁）。英訳がE. A. Wallis Budgeの次の著作に収められている。E. A. Wallis Budge, *An Egyptian Reading Book for Beginners*, London, 1896, pp.XVII-XXVIII.『アラビアン・ナイト』第一二～一三巻「女たちのずるさとたくらみの物語」（東洋文庫、平凡社、一九八一年、一九八五年）にも見られる。池田修「あとがき」（東洋文庫、第一三巻、三八〇頁～）参照。日本の文芸にも入ったが、説経節《せっきょうぶし》『愛護若《あいごのわか》』はその一流である。

（6）「真実」というものに超自然的な威力が備わっているために、真実を述べ誓う、あるいは真実を実現することによって何らかの奇跡的な出来事を出来させ、窮地を脱することができるとする観念（本書・第五章、第六章参照）。

（7）これら全ての文献の成立年代ないし前後関係を決定することは不可能である。『賢愚経』『四教義』『三宝絵』がこの順序で成立したこと、『三宝絵』の大施太子本生譚が一つには『大方便仏報恩経』の善友太子本生譚に由来していることが仮に確実であるとしても、『報恩経』は後漢代（～二二〇年）の訳と伝えられるのみである。また、律文献の成立については、『四分律』を紀元前一〇〇年から一年、『根本説一切有部毘奈耶』を紀元後三〇〇年から四〇〇年とする説（中村元『原始仏教の思想』下〈春秋社、一九七一年、四六四頁〉）もあるが、本章が完全にこれに依拠することもできない。こうした文献にはより新しい部分とより古い部分が混在するであろうし、より新しい文献により古い性格の説話が収められている可能性もある。本書では、やむをえず、前後関係、影響関係のわからない説話を同列に扱ってきている。

（8）善友太子型本生譚には長大なものが多い。以下、それらを提示するに際して、『三宝絵』のものは一部原文、『四教義』は書き下し文、あとは全て要約とする。

（9）出雲路修『三宝絵』（平凡社、一九九〇年）一七～二二頁。

（10）出雲路修『三宝絵』一八六頁。『三宝絵』の多くの説話が依拠した資料として『法苑珠林』の存在が指摘されている（森正人「三宝絵の成立と法苑珠林」〈『愛知県立大学文学部論集（国文学科編）』第二六号、一九七七年〉）。大施太子本生譚の場合にはここから採られたものではなく、また他の典拠も発見されていない。
(11)『大正新脩大蔵経』第四六巻、七四五頁上段～中段。
(12)本書・第七章参照。
(13)『大正新脩大蔵経』第三巻、一四二頁中段～一四七頁上段。
(14)慈悲の念に満たされ、慈悲の境地に至ることによって、敵も攻撃することをやめ、自らの身を守ることができるという観念。『四分律』善行太子本生譚、『賢愚経』大施婆羅門本生譚にも見える(本書・第七章・注(11)参照)。
(15)手飼いの鳥による使いのモチーフは『大方便仏報恩経』善友太子本生譚と『賢愚経』善事太子本生譚(注(21))に見える。クナーラ太子説話にはなく、善友太子型本生譚で挿入されている場合がある。このモチーフはのちに、幸若舞曲や説経節の『百合若大臣《ゆりわか》』にも取り入れられてゆく。
(16)ジャータカはもともとこのように現在あることと同じことが過去の世にもあったと説くことを大きな主眼とするものであった。菩薩の思想と結合したのは後代のことであるとされる。杉本卓洲『菩薩――ジャータカからの探求――』(平楽寺書店、一九九三年)「第二章　ジャータカと菩薩理念の融合」、とくに九八頁(本書・第二章参照)。
(17)*The Gilgit Manuscript of the Saṅghabhedavastu* (part 2), ed. Raniero Gnoli, Roma, 1978, pp.110-115. 本書・付篇一に「カリヤーナカーリン・ジャータカ」の、筆者による日本語訳全文を収録した。
(18)『サンガベーダ・ヴァストゥ』の成立は律文献の中では遅い方とされている(注(7)参照)。こういった性格はこのことと関係があるかもしれない。
(19)『大正新脩大蔵経』第二四巻、一七八頁下段～一八〇頁上段。過去物語のみ要約で示す――昔、婆羅痆斯城《ばらなし》(=Vārāṇasī)の国王の妃がさまざまな吉祥の相を備えた王子を生み、王子は善行と名付けられた。善行は慈悲心あり、布施を好んだ。王妃はもう一人王子を生んだが、彼の名はその不吉祥の相によって悪行となった。異国の王が「娘を善行に」と申し入れたが、善行は「海に入り、珍宝を求めてから」と答えた。悪行はこれに同行して善行を殺し、太子になることをもくろんだ。善行が城内に「自ら商主となるので随行する者は来たれ」と告げると、五百人の者が従った。船が宝のある所へ着いたときみな種々の宝を取り、善行太子は如意珠を取った。しかし、その帰途、船は摩竭魚《まかつ》（＝makara）のために難破し、善行の威力のために彼と悪行だけが命助かった。ここで、疲労困憊した善行は眠り、悪行は見張りをしているときに棘で兄の眼を潰して逃げ去った。

さて、ある牛飼いが善行を家に連れ帰り、善行は弾琴によって家人を慰めた。しかし、牛飼いの妻の横恋慕を拒んだために、彼女の讒言によってそこからも追放されることになった。そして、琴を携え流浪のすえ許婚の国へとやって来た。ときあたかも、善行が死んだと聞き、王女が婿を選ぶ（＝婿選び式）という布告を父王が出したところであった。王女は琴を弾ずる善行を見て彼を夫と定めた。そして、彼女が彼と善行を愛し異なる心のないことを誓う「実語」（＝真実語）によって善行の一眼は回復し、さらにもう一眼も、善行が自らの身分を明かし、悪行に少しの恨みもないことを誓う「実語」（＝真実語）によって回復した。善行は国に帰って位を継いだ。

（20）『大正新脩大蔵経』第二三巻、九一〇頁下段〜九一三頁中段。過去物語のみ要約を示す——昔、月王と月益王とがいて、月益王は修羅吒河《すらた》（＝Suratha ?）のそばに城を持っていた。二人の王はそれぞれに男女の子が生まれれば夫婦とする約束をしていたが、月益王には子がなく、修羅吒河辺にいる二十五仙人に命終わってのち王家に生まれることを懇請した。そのため一仙人が王の第一夫人の胎中に、つづいて別の仙人が第二夫人の胎中に宿った。やがて第一夫人が男児を生んだときさまざまな良いことが起こったので、王子は善行と名付けられた。第二夫人が男児を生んだときにはさまざまな悪いことが起こったので、その王子は悪行と名付けられた。善行は王や一切の人に愛され、悪行は愛されなかった。悪行は頼りを得て善行を殺すことを考えはじめた。

さて、隣国の月王に娘が生まれ、善行にと申し入れてきたが、善行は衆生の貧苦を救うために如意珠を取りに行くことにした。悪行はこれを機にと善行と行をともにすることにした。善行は修婆羅城《すばら》（＝Suvarṇa）に赴き、五百人の商人と「船師」とともに船を出帆させた。やがて七宝のある所にやって来ると、商人たちに宝を取らせ善行は他の場所へ出掛けた。そのすきに悪行は商人たちを唆し船を出発させてしまった。しかし、船は沈没し悪行だけが助かることとなった。それを知った善行は海龍王宮に行き如意珠を乞うことに決めた。その道中、金城の龍が「東方二千由旬に七宝を雨らす宝珠を与えよう」と言ったが善行はこれを拒んだ。つづいて、銀城の龍の南方四千由旬に七宝を雨らす宝珠、瑠璃城の龍の西方六千由旬に七宝を雨らす宝珠も断った。善行は七日間膝まで水に浸かり、または、蓮華上を行きなどして前進し、毒蛇のいる所にやってきた。「慈心三昧」によってそこも通過すると、いよいよ海龍王宮に至った。贈られた如意宝珠の力によって忽然と修婆羅城に戻った善行はそこで悪行と再会した。しかし、善行が弟の膝を枕にして眠っていたとき、彼は佉陀羅《きやだら》木（＝khadira）の棘で両眼を刺されてしまった。

善行は彷徨の果てに月王の園中に辿り着き、二児を持つ番人の老母に助けられた。一方悪行は修羅咤城に帰り、「善行は海に沈んだ」と偽って月王に「娘を与えよ」と迫った。娘は新たな夫を求めに出、園中で琴を弾じ美声を発する善行を見出して夫と定めた。善行は王の前で、自分が月益王の太子であること、目を潰した悪行に悪心を持っていないことを誓って（＝真実語）両眼を回復した。善行は修羅咤城に帰還し、殺されようとする悪行を救い、如意珠を取り戻した。そして七宝を雨らすこと等を如意珠に祈願し、これを実現した。その後、悪行が刀で善行を切ろうとしたとき悪行の肘が落ちた。

（21）『大正新脩大蔵経』第四巻、四一〇頁上段～四一五頁中段。過去物語のみ要約で示す——過去久遠、勒那跋弥《ろくなばつみ》・宝鎧（＝Ratnavarman）という国王がいた。城外の二仙人の一人に王家に生まれかわることを乞うて許され、もう一人の仙人も自ら同じことを約束した。やがて第一夫人、蘇摩《そま》（＝Somā？）の生んだ男児は身に紫金色などの相を持っていた。本来悪性の母親が懐妊して慈悲深くなったのでその子を迦良那伽梨《かろうなかり》・善事と名付けた。第二夫人、弗巴《ぷつぱ》（＝Puṣpā？）の生んだ子は並みの人間で、妊娠中の母親が性悪になったため波婆伽梨《はばかり》・悪事と名付けられた。王は迦良那伽梨を愛した。あるとき彼は食を乞う人や生きるため生き物を殺害する人々を見てその罪業に思いを致し、父王の蔵のものを布施するようになった。

しかし蔵のものが三分の二、さらにその三分の二になったとき、多財を得る法を諸人に問い、龍王の宮に如意珠を求めにゆくことに決めた。それに反対する両親を説得しようとして息子が六日に至るまで食を絶ち地に臥したため、両親もその志を許した。迦良那伽梨がともに海に入る者を募ったところ五百人の商人がこれに応じ、盲目の老「導師」、また波婆伽梨も同行することになった。船を七つの大縄で繋ぎ、海中の諸難を説きつつ日に一つの縄を放ち、七つ目を放ったときに出発した。やがて船は宝のある海岸にやって来たが、船と商人たちをそこに残し、迦良那伽梨と「導師」はさらに進んだ。白銀の山、紺瑠璃の山を過ぎ、黄金の山の麓で導師は教えを残して命を終えた。「前進すると七宝でできた城があり、城中の最勝の天女が持っているのが旃陀摩尼《せんだまに》である」と。その言葉に従った迦良那伽梨は如意宝珠を手に入れた。そして波婆伽梨と再会したのちに船が沈んでしまったが、迦良那伽梨は如意宝珠の威力によって溺れず、弟を助けてともに海から逃れ出た。しかし、波婆伽梨は兄が眠っているときに木の棘でその両眼を潰し宝珠を奪った。

　迦良那伽梨は苦しみ進んで梨師跋陀国（＝R̥ṣipatana ?）にやって来、牧人が彼を発見して家に連れ帰った。迦良那伽梨はそこにしばし留まったが、やがて城中で琴を弾じ歌を歌って命を繋ぐようになった。するとその頃国王の果奈（＝マンゴー）園が鸚鵡に荒らされ、迦良那伽梨は鳥追いの仕事をさせられることになった。一方波婆伽梨は国に帰り、「迦良那伽梨は海に沈んだ」と偽った。父王が迦良那伽梨の所愛の雁に「迦良那伽梨へ文の使いをせよ」と言ってこれを放ったところ、雁は主人を探し当てた。さて、梨師跋国王の娘は迦良那伽梨を見て彼を愛するようになった。国王もこれを認め二人は夫婦となった。

　あるとき、迦良那伽梨は妻が長く家を空けることを怪しんだ。このとき、他意のないことを誓う妻の言葉（＝真実語）によって彼の一眼が回復した。つづいて、身分を明かした迦良那伽梨が、波婆伽梨に対してわずかの恨みもないことを誓うその言葉（＝真実語）によってさらに一眼が回復した。この頃太子の雁は主人の返信を国にもたらし、父王が波婆伽梨を幽閉して、梨師跋国王に迦良那伽梨を送り返すよう求めてきた。迦良那伽梨は牧人に厚く報いて帰国した。そして、幽閉されていた波婆伽梨を釈放したが、彼は弟に対し毛髪のごときも恨みはなく、元のままの慈愛を持っていた。太子は宝珠のありかを聞き出し、あらゆる蔵を満たしなどした。また、七日ののちには沐浴し浄衣を着して飲食、衣服、七宝等を雨らせ、人々に善行を行わせた。人々はみな命終わって天に生じた。

（22）『大正新脩大蔵経』第四巻、四一六頁中段~四一七頁上段。
（23）『大正新脩大蔵経』第四巻、四〇四頁中段~四〇九頁中段
（24）三つの龍宮を経巡るモチーフは『六度集経』普施商主本生譚等と共有している。
（25）注（15）参照。

付記
本書・第七章において、「マハーティヤーガヴァット・ジャータカ」（＝Mahātyāgavat-jātaka）と「マハージャナカ・ジャータカ」（＝Mahājanaka-jātaka）に交流・交錯のあったことを述べた。D. シュリングロフによれば、図像・造形美術の世界では、現代の研究者が説話を描いた壁画などの鑑定を行う際、「カリヤーナカーリン・ジャータカ」（＝Kalyāṇakārin-jātaka）と「マハージャナカ・ジャータカ」（＝Mahājanaka-jātaka）も取り違えかねない関係であったようである。Dieter Schlingloff, *Studies in the Ajanta Paintings—Identifications and Interpretations—*, Delhi, 1987, pp.81-85.

おわりに

本書『三宝絵本生譚の原型と展開』の全八章は、筆者が以前公刊した次のような八つの論文を改稿したものである。八つの公刊論文の初出時の書誌的事項を示しておけば、次の通りである。

第一章　『三宝絵』とその本生譚　→　「『三宝絵』とその本生譚」(『印度哲学仏教学』第二一号、二〇〇六年一〇月)。

第二章　シビ王本生譚の原型と展開　→　「シビ王本生譚の原型と展開──『鷹と鴿』型の場合──」(『伝承文学研究』第四六号、一九九七年一月)。

第三章　シビ王本生譚の主題とその達成　→　「シビ王本生譚の主題とその達成」(『印度哲学仏教学』第二〇号、二〇〇五年一〇月)。

第四章　スタソーマ王本生譚の原型と展開(一)　→　「スタソーマ王本生譚と『三宝絵』」(『伝承文化の展望──日本の民俗・古典・芸能──』三弥井書店、二〇〇三年一月)。

第五章　スタソーマ王本生譚の原型と展開(二)　→　「スタソーマ王本生譚の原型と展開」(『仏教文学』第二七号、二〇〇三年三月)。

第六章　スタソーマ王本生譚の思想的背景　→　「スタソーマ王本生譚とその思想的背景」（『説話文学研究』第三九号、二〇〇四年六月）。

第七章　大施太子本生譚の原型と展開　→　「大施太子本生譚の原型と展開」（『唱導文学研究』第二集、三弥井書店、一九九九年二月）。

第八章　大施太子本生譚の誕生　→　「大施太子本生譚の誕生」（『人文研究』第一一一輯、二〇〇六年三月）。

以上の各章には全体として、もとの論文が年月を経ている場合ほど、不十分ながら改稿、加筆や訂正をしている。のみならず、かなりの記述を論文、すなわち章の間で動かしている。特に、「第二章　シビ王本生譚の原型と展開」は、「第三章　シビ王本生譚の主題とその達成」の基となった論文「シビ王本生譚の主題とその達成」、その他の論文からかなりの記述を取っている。したがって、第二章はもとの論文とはかなり様変わりしているのではないかと思われる。とは言え、本書中で最初に手掛けた論文を基にした第二章は未熟さの残るものとなった。この第二章に限らず、全体として本書の改稿から脱稿までの時間になしたことはその段階における筆者の限界として示すしかないであろう。

ここで、本書の各章の論旨を簡潔に書き出しておきたい。

第一章　『三宝絵』とその本生譚

この章では、日本の平安時代・永観二年（九八四）成立の説話集『三宝絵』がどのような作品であるかという記述に筆を費やしている。本書・第二章以下で取り上げるのは『三宝絵』の本生譚である。これらは素朴なものでありながら、ともかくも日本文学に流れこんだ最古の、あるいは最もまとまった数の本生譚群である。

第二章　シビ王本生譚の原型と展開

「布施波羅蜜」（＝布施の完成）を説く説話として『三宝絵』に入ったシビ王本生譚（「鷹と鴿型」）は、「布施」の説話として名高い。しかし、類型話を見てゆくと、「求法」（＝仏教の教えを求める）の説話であるものがあり、また、さらに原型を辿れば、ヒンドゥー教の世界において人民・生物を守護する「王の務め」を説く説話であった。

第三章　シビ王本生譚の主題とその達成

『三宝絵』のシビ王本生譚（「鷹と鴿型」）を、話型のみならず文章、表現のレベルでも見る。ヒンドゥー教世界において「王の務め」という本来の主題を持っていたこの説話が、仏教において「求法」「布施」を説くべく転用されていったとき、そのことによるひずみが、二つの新しい話型、「施身聞偈型」、「盲目の婆羅門型」のシビ王本生譚を生み出してゆく契機となった。

第四章　スタソーマ王本生譚の原型と展開㈠

スタソーマ王説話の展開を論じた渡辺海旭の著名な英語論文（一九〇九年）では、このことを論ずる際の基準は話型やモチーフである。しかし、話型やモチーフは説話の主題を変容させる可能性を伴う。『三宝絵』に入ったスタソーマ王本生譚は「持戒波羅蜜」（＝持戒の完成）を説く体裁を取るが、その類型話を見てゆくと、「持戒」の主題には整合しない点が見出される。

第五章　スタソーマ王本生譚の原型と展開㈡

「持戒波羅蜜」を説く説話として『三宝絵』に入ったスタソーマ王本生譚は、本来「真実語」を背景とする、あるいはそれを主張する説話である。スタソーマ王（→過去の世の仏）が食人鬼・カルマーシャパーダを帰依させたその力は、「真実語」、真実を語ることに由来する超自然的威力にあった。

第六章　スタソーマ王本生譚とその思想的背景

古代インドの説話、思想・宗教的教訓の宝庫である『マハーバーラタ』の「真実」「真実語」「真実の誓い」の用例に基づいて、スタソーマ王が生命に賭けてカルマーシャパーダとの約束を果たそうとしたその意味、思想的背景を考える。そのとき、この人物の行動が「真実」あるいはそれを口にした「真実語」「真実の誓い」の威力を信ずる世界の者であるがゆえの行動であったことを知る。

第七章　大施太子本生譚の原型と展開

「精進波羅蜜」（＝努力の完成）を説く『三宝絵』の大施太子本生譚は、「普施商主型本生譚」と「善友太子型本生譚」の二つの話型を二分し接合したものとなっている。「普施商主型本生譚」は本来「布施」を説くものであったが、その主題は「精進」へと推移した。その動きには「努め励むこと」を教える「マハージャナカ型」の説話が絡んでいる。

第八章　大施太子本生譚の誕生

『三宝絵』の大施太子本生譚の前半をなす「善友太子型本生譚」は、本来、律の「破僧事」（→提婆達多による仏教教団の破壊・破僧の因縁を説く）に関わる。「提婆達多の無報恩」を説くものであり、話型と主題の結び付きが非常に強い。この説話が、よく似た話型の「普施商主型」の説話と接合して「善友太子型」の主題から解放されたとき、「大施太子本生譚」が誕生した。その完成した姿は『三宝絵』に初めて見られる。

本書において、筆者は日本の『三宝絵』に入った本生譚、ジャータカにどのようなインド的、仏教的背景があるのか、その原型または起源、展開または変容の諸相を考えようとした。あるいはそれぞれの本生譚、ないしその類型話が文学としてどのように読み解けるかを考えようとした。全体として視点は『三宝絵』の説話それ自体から離れ、仏典や仏教文献、その他のインドの文献の説話に目を移してゆくことになった。そして、インドから日本への説話の流れのようなものを見据え、それらの類型話、ヴァリアントを話型、モチーフと主題の点から可能なかぎり丁寧に読んでゆくことに努めたのである。

一方、最後の章、「第八章　大施太子本生譚の誕生」では、そうした、インドから日本への説話の流れの中において、『三宝絵』のある説話、大施太子本生譚が単なる終着点という位置付けのものにとどまらず、話型と主題の組み合わせの点で例のない独自な説話となっていることを述べた。これをもって、『三宝絵』を論述の端緒としてのみ取り扱って来たかのような本書を、『三宝絵』の研究でもあるとして提示したい。

付篇一

『サンガベーダ・ヴァストゥ』「カリヤーナカーリン・ジャータカ」

(*Kalyāṇakārin-jātaka, Saṃghabhedavastu*) 日本語訳

この付篇一は、『サンガベーダ・ヴァストゥ』の「カリヤーナカーリン・ジャータカ」の日本語訳である。このジャータカを、本篇の「第八章　大施太子本生譚の誕生」「四　『サンガベーダ・ヴァストゥ』カリヤーナカーリン・ジャータカ」において取り上げ、そこでは要約のみを示したが、ここでは説話全体の日本語訳を示す。原文はサンスクリットで記されたものであるが、この類型の説話の中では、サンスクリットで記されて残存し刊本となっている文献に見えるほぼ唯一の例である。日本語訳の底本は『ギルギット・マニュスクリプト』の『サンガベーダ・ヴァストゥ』第二部・一一〇頁〜一一五頁（= *The Gilgit Manuscript of the Saṅghabhedavastu* (part II), ed. Raniero Gnoli, Roma, 1978, pp.110-115.）である。便宜のために［　］で頁を、【　】で行を示した。〈　〉は底本の本文中で語句の補足のため使用されているものであり、日本語訳でもそのまま踏襲している。（　）、（=　）は日本語訳に際して、読み手の理解を助けるために適宜加えたものである。また、文脈によって判断し改行を加えた。

カリヤーナカーリンの物語――デーヴァダッタの前生について――

［110頁］【下から4行目】（仏は語られた――）昔、修行僧らよ、ある国においてある王が、富み栄え、安楽で食べる物に不自由無く、多くの人々が住む領国を治めていた。

あるとき王は妃と遊び戯れ楽しんだ。王が遊び戯れ楽しんでいると、妃は身ごもった。彼女は八箇月、［111頁］あるいは九箇月が過ぎてから子を産み落とした。男の子が生まれた。その子は美しく見目麗しく、人を引き付ける輝かしさを備え、黄金《こがね》の色をして、傘蓋の形の頭を持ち、両腕は長く垂れ下がり、額は広く、眉は立派で、鼻は高く秀で、身体の全ては不満なところなく備わっていた。【5行目】そして、その子の誕生の際に、何千もの吉祥なることが起こった。その子の生まれたときに、誕生の祝いを行ってから、名付けをすることになって、（王は言った、）「王子の名は何とするが良かろうか」と。大臣達は奏上した。「王子様がご誕生あそばされましたときに、何千もの吉祥なることが起こりました。したがいまして、王子様のお名前はカリヤーナカーリン（＝良いことを行う人、善行者）となさいますのが宜しいでしょう」と。王子はカリヤーナカーリンと名付けられた。【10行目】カリヤーナカーリン王子は八人の乳母の手に託された。二人は王子を負《おぶ》うための乳母、二人は濃乳（＝乳糜《にゅうび》）を飲ませるための乳母、二人は襁褓《むつき》の世話をする乳母、二人は遊び相手の乳母であった。王子は八人の乳母の手で養われ、濃乳、酸乳（＝乳酪）、新鮮なバター、純乳、純乳の上澄みをもって育てられた。その他の、じっくり火を通した特別な料理によって、王子がすくすくと育つそのさまは、【15行目】あたかも池に浮かぶ蓮の花のようであった。

またもや、かの王は妃と遊び戯れ楽しんだ。王が遊び戯れ楽しんでいると、妃は身ごもった。彼女は〈八箇月、あるいは〉九箇月が過ぎてから子を産み落とした。男の子が生まれた。その子の誕生の際に、何千もの不吉祥なることが起こった。王子はアカリヤーナカーリン（＝悪いことを行う人、悪行者）と名付けられた。【20行目】その王子もまた養育されて成長した。

カリヤーナカーリン王子は生きとし生けるものに慈しみの心あり、哀れみの心あり、情け深く、惜しみなく物を与え、布施を願い喜ぶ人であった。カリヤーナカーリン王子はシュラマナやブラーフマナ、貧しい人々、乞う者、求める者たちに布施をした。王子に父王は言った。「王子や、物を恵んでばかりいるではない。王家のこれだけの財産もどうなってしまうであろうか」と。【25行目】布施する者が布施する故に多くの人民に慕われ、彼らの心を捉えるということは、実に自然の理である。そうこうするうちに、カリヤーナカーリン王子が良い行いをしているという名声・評判があちこちで高らかに聞かれるようになった。遠い異国の王が、カリヤーナカーリン王子の偉大な徳のことを耳にし、娘を与え（ると言って来）た。王女は莫大な持参金とともに王に迎えられ（ることになっ）た。

カリヤーナカーリン王子は言った。「私が妻を娶るのは【30行目】富を得ないうちにとは参りません。父よ、そのことをご理解下さい。私は航海に出掛けます」と。父王は言った。「そのようにするが良い」と。王子は商品を携えて航海に出掛け（ることになっ）た。王子の弟のかのアカリヤーナカーリンは企《たくら》みをくわだてた。「〈兄は〉多くの人民に慕われ、彼らの心を捉えている。もし積荷で一杯になった船で航海から戻って来たら、ますます多くの人民に慕われ、［112頁］彼らの心を捉えるだろう。このことは間違いがない。（父が）その王権を兄に継承させることは確実だろう。こうなったら、どのようにしたところで、俺に王位継承の機会があるだろうか。自分も兄と一緒に航海に出掛けよう。航海の間に奴の息の根を止めてやろう。〈そうすれば、自分が〉望む皇太子の位も実現するというものだ」と【5行目】考えて、父の許に歩み寄って言った。「父上、カリヤーナカーリンが航海に出ることになりました。私も兄と同行致します」と。王は「そのようにするが良い」と答えた。それからカリヤーナカーリンは自らの城内で鐘を鳴らした。「聞きたまえ、汝ら町に住む商人達よ。カリヤーナカーリンが航海に出ることになった。【10行目】カリヤーナカーリン隊商主とともに航海に出られる者には、通行税もなく積荷にも税は掛けない。航海に持って行くべき商品を持ち来たれ」と。あまたの商人達によって航海に持って行くべき商品がもたらされた。それからカリヤーナカーリン隊商主は弟のアカリヤーナカーリンとともに、縁起の良い吉祥日を定めて、【15行目】多くの商人と百もの供人を連れて、満杯の荷車、箱に籠《かご》、野牛、牛、驢馬を積み、数々の航海に持って行くべき商品を持って出掛けて行った。

カリヤーナカーリンは順々に王国の村々、町々、諸々の都市を見ながら（行き）、（ある）海岸に到着した。（そこで、）五百プラーナを費やして一艘の船を仕立て、五人の人夫を雇い、食料品などさまざまな物を手に入れ、【20行目】船員、漁師、船長も雇って、三回鐘を鳴らしたのちに大海に出掛けて行った。海に乗り出した船の中で、カリヤーナカーリンは弟のアカリヤーナカーリンのために言った。「大海のただなかに進んでから〈もし〉この船が難破するようなことがあったならば、私の首に摑まりなさい。がっくりしていてはいけないぞ」と。アカリヤーナカーリンは「間違いなくそのように致します」と答えた。さて、かの船は【25行目】順風に従って宝の島に到着した。船長が言った。「聞きたまえ、ジャンブー・ドゥヴィーパ（＝閻浮提）の商人たちよ、宝の島という名で聞こえている、金剛石、猫目石、サファイイヤ、エメラルド等の宝石から成るという島に到着した。好きなだけ宝石を摑み取るが良い」と。そこで彼らが喜び勇んで（宝を）あさったので、かの船は［113頁］胡麻の種や黒胡椒の種のように宝で一杯になった。（仏の前世の姿である）ボーディサットヴァ（＝菩薩）というものは賢く正しい。カリヤーナカーリン王子は大いに価値のある諸々の宝を腰に縛り付けた。（船は）海岸を発って遠くに行かないうちに、運悪くマカラ魚のために難破してしまった。アカリヤーナカーリンは【5行目】カリヤーナカーリンの〈首に〉摑まった。アカリヤーナカーリンの大奮闘のおかげで助かった。カリヤーナカーリンはすっかり草臥《くたび》れて眠り込んでしまった。カリヤーナカーリンが眠っているときに、アカリヤーナカーリンは（兄の）腰に付けてある諸々の宝石を見た。アカリヤーナカーリンは考えた。「こ奴はこのような宝石を手に入れて帰ることになるのだ。俺は手ぶらで帰ることになる」と。そのように考えて、アカリヤーナカーリンは、深い眠りに落ちている【10行目】カリヤーナカーリンの宝石を奪った。そして、棘で（兄の）両眼を潰した。アカリヤーナカーリンは盲目となった兄を海辺に捨てて行ってしまった。

たまたま牛飼い達が牛を追ってその辺りにやって来た。牛飼い達はカリヤーナカーリンを見て尋ねた。「やあ、こんな姿をして、あんたは誰かね」と。カリヤーナカーリンはあった通りのことを話した。それを聞くや、牛飼い達に哀れみの念が生まれた。牛飼い達はカリヤーナカーリンを親戚の家に案内した。【15行目】カリヤーナカーリンはヴィーナー琴を奏でてほしいと乞われるようになった。かの牛飼いの親戚の妻が若者への欲情に駆られ、ヴィーナー琴の音《ね》を聞いて、カリヤーナカーリンに言い寄って来た。カリヤーナカーリンは（牛飼いの）恩に背く行いをするまいとして、耳をふさいで聞き入れなかった。愛欲に取り付かれた者達にとって、してはならないことは何もないということであるので、牛飼いの妻は夫に讒訴した。「あの目の見えない男が私に言い寄って来ました」と。「そのような者達にまで【20行目】貴方は保護を与えておられる」と。女どもの恨みはこのように浅ましいものである。カリヤーナカーリンは考えた。「ここの主人は私のことを憎むようになった。私を追放するしかないだろう」と。カリヤーナカーリンは牛飼いに家から追放され、道々辻々でヴィーナー琴を爪弾いて命を繋ぐようになった。

カリヤーナカーリンの父が死を迎えた。カリヤーナカーリンの弟のアカリヤーナカーリンが国王として即位した。カリヤーナカーリンもまた【25行目】巡り巡って、かつて彼に王女を与え（ると言って来）た辺境の王の国の町に辿り着いた。王女もまた立派に成長していた。王女を手に入れようとして、あちこちの地方に住む王子や大臣の息子の求婚者たちがやって来た。彼女もまた父王から言葉を受けた。「娘や、お前を娶らせると言ったカリヤーナカーリン王子は航海に［114頁］出掛けた。そして運悪く海で難破してしまったのだ。そうして今お前に求婚する者達がやって来た。わしからお前を与えられなかった者は不幸であろう。このようなときに何を為すべきであろうか」と。王女は答えた。「お父様、もしそのようなことでしたら、町を美しく飾って下さいませ。私は婿選び式を行いとう存じます」。王は言った。【5行目】「娘や、そうするが良い」と。それからいろいろな地方、さまざまな場所で、婿選び式のことが知らされた。そして、かの町からは大小の石や砂利が取り除かれた。白檀の香水がまかれ、良い香りの香炉が備えられた。幟《のぼり》や旗が揚げられ、さまざまな布や帯で飾られ、いろいろな花で彩られて、魅惑的な町になった。あたかも神々の喜びの森・園さながらであった。そして、鐘の【10行目】音が鳴らされた。「聞きたまえ、汝ら、町の住人達よ、あちこちの地方からやって来た者達よ。明日、王女様が自ら婿選び式を執り行われる。したがって、汝らの財に任せて集まり来るが良い」と。それから、夜の明け初《そ》める頃、かの王女はさまざまな装飾品で身を飾り、多くの乙女達に取り巻かれ、花盛りの森の真ん中の森の女神さながらに、素晴らしい輝きを放ち、【15行目】神々しさの限りを尽くして、町の中央に、百・千もの集まり来たった男達の前に、婿選び式のために姿を現した。

かのカリヤーナカーリンは、ある場所にヴィーナー琴を奏でつつ留まっていた。生き物達の行う事どもは互いに結び付きあうものである。どんなことがあっても、原因の力（→カリヤーナカーリンの魅力）は補助因の力（→ヴィーナー琴の音の素晴らしさ）を要求するものである。それからかの王女はヴィーナー琴の音に心を奪われて、【20行目】琴の弾き手たるカリヤーナカーリンに魅せられた。彼女は（カリヤーナカーリンに）自らの花鬘《はなかずら》を投げ掛けた。「このお方が私の夫です」と言って。求婚者達は嫉妬の念に囚われ、誰も驚きに堪えられず悪心を抱いた。「何故また、他の、さまざまな地方からやってきた王や大臣や祭官の息子達、町に住む名士達を捨て置いて、このように若く美しくて【25行目】隈なく魅力を備えた王女が盲目の男を夫に選ぶのだ」と。失望し落胆した人々は王に報告した。「王よ、王女様が婿選び式の結果、婿殿をお選びになりました」と。王は「どのような男か」と尋ねた。「王よ、盲目の男でございます」との答えを聞いて、王も落胆した。それから王は王女を呼んで言った。「娘や、王や金持ち達、有力者や隊商主達、【30行目】大臣や祭官の息子達が集まっておる。若く美しく力に富む者達ばかりだ。お前は何故こんな夫を選んだのか」と。王女は「お父様、あのお方こそが私には好ましいのです」と答えた。王は「もしそのようなことならば、（選んだ夫の所へ行かず、）お前は何のために（ここに）いるのか」と言った。

王女はカリヤーナカーリンの側に歩み寄って話し掛けた。「私は貴方様を夫に［115頁］選びました。貴方様は正しいと思っておられるとはお見受け致しません。何をお考えでいらっしゃるのですか」と。目の見えないかのカリヤーナカーリンは「私は他の男たちともども（王女様の）愛人になるというのでしょうか」と尋ねた。王女は言った。「私はそのようなことは致しません」と。カリヤーナカーリンは尋ねた。「どのようにして（私が王女様の愛人の一人にならないと私に）わかるのですか」と。王女は真実の誓いを立てて言った。【5行目】「かのカリヤーナカーリン王子と貴方様だけに対して（私は）愛情を抱き、他の誰にも愛情を抱いていないという、この真実、真実の言葉によって、貴方様の片眼が元に戻りますように」と。真実が宣誓されたまさにその瞬間、カリヤーナカーリンの片眼は元に戻った。王子は告げて言った。「この私こそがカリヤーナカーリンである。弟のアカリヤーナカーリンの手によってこのような【10行目】境遇となったのだ」と。王女は尋ねて言った。「どのようにして貴方様こそがかのカリヤーナカーリンであると（私に）わかるのですか」と。カリヤーナカーリンもまた真実の誓いを立てて言った。「私の両眼を損なった弟に対して、私は微塵も憎悪を抱いてはいないという、この真実、真実の言葉によって、私のもう片方の眼が元に戻るが良い」と。カリヤーナカーリンの真実の言葉と同時に、【15行目】もう片方の眼が元に戻った。王女は視覚を取り戻したカリヤーナカーリンとともに王の許に行って報告した。「お父様、このお方こそがカリヤーナカーリン王子です」と。王は（それを聞いても）信じなかった。カリヤーナカーリンが起った通りのことを語ると、王はすっかり驚いてしまった。それから王は、娘を莫大な持参金とともに嫁がせた。そして、かのカリヤーナカーリンは大軍勢を率いて【20行目】自分の町に帰り、アカリヤーナカーリンを放逐して父祖伝来の王位に即いた。

どう思うか、修行僧らよ。私こそが、そのときのかのカリヤーナカーリンであり、かのデーヴァダッタこそがそのときのかのアカリヤーナカーリンなのである。そのときにもこの者は無知で、ものを知らなかった。【25行目】今の世にもまた無知で、ものを知らない。今もまたこの者は無知で、ものを知らないと、そのように聞くが良い。

付記

以上の「カリヤーナカーリン・ジャータカ」の物語描写の中には、「カリヤーナカーリン・ジャータカ」の収録された『サンガベーダ・ヴァストゥ』の属する根本説一切有部律の系統の説話集、たとえば、『ディヴィヤ・アヴァダーナ』に頻出・酷似する定型的表現が幾つか挟み込まれている。これについては、平岡聡『説話の考古学――インド仏教説話に秘められた思想――』（大蔵出版、二〇〇二年）「第3章　定型句を巡る問題」、一五二〜二二五頁を参照させていただいた。これら「カリヤーナカーリン・ジャータカ」と『ディヴィヤ・アヴァダーナ』の説話が共有する定型的表現の存在については、北海道大学の細田典明先生（インド哲学・仏教学）の御教示によって知った。

そうした定型的表現を具体的に挙げれば、主人公の父王の治める国の繁栄、両親の性戯、母妃が身ごもり、主人公の誕生に至るまでのさま、また、主人公の優れた容姿、八人の乳母による養育役割の分担、（婿選び式のための）町の掃除と飾り付けの仕方などである。

また、本書の校正の段階になって平岡聡『ブッダが謎解く三世の物語――『ディヴィヤ・アヴァダーナ』全訳』上・下巻（大蔵出版、二〇〇七年）が出版されると、『ディヴィヤ・アヴァダーナ』の中での前記の定型的表現の頻度と酷似が十分に確認された。さらに、「カリヤーナカーリン・ジャータカ」の航海描写に類似する表現が、前記の定型的表現の場合よりは遙かに少なく、また、前記の定型的表現ほど似ているわけでもないが、『ディヴィヤ・アヴァダーナ』に存在することがわかった。すなわち、主人公が隊商主となって商人に呼び掛ける様子（「第1章　餓鬼界を遍歴したコーティーカルナ」、上巻、四〜五頁）、積み荷を載せ航海に出掛けていく様子（「第23―25章　素行の悪い比丘の末路」、下巻、五頁）、主人公が隊商主となって商人に呼び掛け、積み荷を載せ航海に出掛けていく様子（「第36章　女性を巡る人間模様」、下巻、四〇七頁）、以上の描写に加え、宝の島に着き船長（→船頭）が宝を集めるようにと皆に呼び掛ける状況描写、船が宝で一杯になるのが胡麻等を詰め込んだようであるという比喩（「第35章　覚りを開いた愚者」、下巻、三四四〜三四六頁）等である。

「カリヤーナカーリン・ジャータカ」は、根本説一切有部律を伝えた部派、説一切有部の持っていた定型的表現を部分的に挿入されつつも、全体としては、同じ定型的表現を共有する他の説一切有部の説話とは全く異なる独自の説話となり得ている。

付篇二

オックスフォード体験記　Two Years in Oxford

一九九九年三月末に渡英し、パーリ仏教の大家、リチャード・ゴンブリッチ先生（Professor Richard Gombrich）にお会いしたのは、その年の十月初旬のことであった。オックスフォード大学の東洋研究所（Oriental Institute）で行われた、マイケルマス・ターム、第一学期（Michaelmas Term）のインド学の会合の場である。立派な体軀の持ち主である先生に暖かく迎えられ、こうして門外漢のわたしが一年と半年、この大学でサンスクリットとパーリ語を学ぶことになった（わたしは日本の仏教説話を専攻する者である）。このときに予想していたよりもお若い先生だと思ったのは、インド美術史家として高名なご父君（Ernst Hans Josef Gombrich）と若干混同したうわさを日本で聞いていたためであったのだろう。

初級サンスクリット（Elementary Sanskrit）はジム・ベンソン先生（Dr. James Benson）のご担当であった（週三回、各一時間）。この先生はもと言語学を修められた方で、のちサンスクリットに専攻を変えられたと聞いた。口ひげをたくわえた、やさしい風貌の四十歳代と見えるこの先生のことをジムと呼ぶ学生も多かった。使用されたテキストは *Teach Yourself Sanskrit*——*An Introduction to the Classical Language*——であった。これは Michael Coulson 著でゴンブリッチ、ベンソン両先生が改訂の手を加えられたものであるが、サンスクリットを調べるためというよりも、身につけるために最高のテキストであったように思う。用法についてのかなり詳細なほかでは見ない説明がなされ、サンスクリット作文の練習問題もついていた。この本を用いての授業の進度がまたおどろくほどはやく、Michalmas Term の八週間が過ぎるころにはこれをほとんどおわった。その後この先生とは『バガヴァッド・ギーター』(*Bhagavad Gītā*)、『屍鬼二十五話』(*Vetālapañcaviṃśatikā*) などを読んだ。さて、このとき Oriental Institute のそれほど広くないベンソン先生の部屋でともに授業を受けたのは十人ばかりの学生たちであった。ケンブリッジの西洋古典学を卒業したイギリス人のボーン、ロンドン大学で比較宗教学を学んだトルコ人のリザ (Riza Emiroglv) のふたりはマスター一年目の学生であった（オックスフォードでは、それまでまったく異なる分野のことを勉強してきた人が修士課程に入学してはじめてサンスクリットを学ぶという例がけっこうあるようだ)。ルーマニア出身の通称ルクミニ (Rukmini) は学部で言語学を勉強したあとインド学の学部学生になったのだが、試験に合格せず、この一年でやめてしまった。わたしと同年輩の韓国人のお坊さん・スニム (Sunim、韓国語で文字通り「お坊さん」の意、実名 Chenghwan Park、朴清煥) はドクター進学の準備コースにこの年入った。インド系アメリカ人のラヴィ (Ravi Gupta) は十三歳でアメリカの大学に入って数学を勉強し、十八歳のこの年、オックスフォードのインド学に来たという天才児であった。一種の聴講生であった壮年のふたりが、インド人のもと教授プラバカール (Prabhakar Gondhalekar) とイスラエルから来たイタマル (Ithamar Theodor) だった。プラバカールは天文学が専門だったらしいが、退職後にインドの天文学を知るためにサンスクリットの勉強をはじめたというところがおもしろい。

この第二学期、ヒラリー・ターム (Hilary Term) のあと、サンスクリットの試験があり、わたしもボーン、リザ、スニムとともに Oriental Institute の一室でこれを受けた。英訳（三時間）、文法および作文（三時間）というふたつの試験からなり、知力のみならず体力をも試されているかのような激しいものであった。学部生のルクミニにとってこれは合格せずんば先に進むことを許されない公式の試験で、さらに三時間よぶんの試験（インド学史のようなものか）を課され、マントをはおって大学の試験場（Examination Schools）でこれらを受けた。はたしてわたしがこの試験に「合格」したのかどうかついに知らない。

初級パーリ語（Elementary Pali）はゴンブリッチ先生に教わった（週二回、各一時間、Oriental Instituteの先生の部屋で）。A. K. Warder 著の *Introduction to Pali* がテキストとして用いられており、「学生」はリザとわたしのふたりだけであった。ゴンブリッチ先生は非常にすぐれた語学教師だというのがリザとわたしとの一致した意見であった。いつも威厳と優しさをもってわたしたちに接しておられたが、練習問題に添削してくださるときこちらの英語の拙さまでなおしてくださるのであった。動詞の活用、名詞の曲用などの小テストはたびたびあり、典型的な文章や表現はしばしば暗記させられた。リザという人は二十六歳のときイギリスに来て、のちロンドン大学に入り、数年後のその年オックスフォードに来たのだという。彼は自分を Asian と自覚し、母語のトルコ語から遠い英語やサンスクリットの習得は自分にとって大変なことなのだといつも主張していた。

それはそうと、ゴンブリッチ先生のことをお若い感受性をお持ちだなと感じる機会があった。二〇〇〇年の一月初旬に先生は東京に来られてふたつの講演をされた。帰国後すぐの Elementary Pali の時間に日本についてのさまざまな印象を語られたとき、突如わたしに向かって、「どこの店先にもいろいろな物がつまった bag がたくさん置いてあってみんなそれを買っていくのを見たが、あなたは買ったことがあるか?」と質問されたのである。一瞬それが福袋のことだとはわからなかった。日本のような異世界に来てすぐ、このように旺盛な好奇心とすぐれた観察力を発揮されるのは、やはりゴンブリッチ先生が優秀なフィールド・ワーカーでもあることを示しているのであろう。

一年でElementary Paliがおわったあと、大学院生のジャスティン（Justin Meiland）と、彼の専門のジャータカを読んだ。おそらくわたしよりも十歳ほど年下のジャスティンが先生になったこの授業では、ずいぶん気楽に会話・質問したものだった。「シビ・ジャータカ」を読んでいたときにはインドラ神の性格についての彼の見解を興味深く聞いた。わたしは彼の博士論文が完成する日を心待ちにする者のひとりである。このときおなじ部屋にいたのは、ほかにリザ、台湾から来たジェフ、日本人留学生のトモ（Tomo）だった。ジェフ（Jeff）の実名はツェフ（Tsef Kuan、関則富）というのだが、だれにも通じないので音通するこの西洋名を使っていたようだ。はじめ生物かなにかを専攻し、それからしばらく地理の教師として勤め、のち仏教学研究所で学んだあと、渡英してケンブリッジで一年勉強し、三十五歳くらいでオックスフォードの博士準備コースに入ったのである。トモ（Tomoyuki Hori、堀智行さん）は十八歳で日本を離れ、三年の学部をすませたあと、修士課程を省略して博士課程に入った（オックスフォード生え抜きの人たちにはこれが普通のコースのようである）。その後ゴンブリッチ先生とは、『マッジマ・ニカーヤ』（*Majjhima Nikāya*）のいくつかのスッタを読んだ。このころに北海道大学出身の林寺正俊さん（Shoshun Hayashidera）が来られ、いくつかの授業でご一緒させていただいた。

オックスフォードに滞在できるのもあと二箇月ばかりというころになって、アレクシス・サンダーソン先生（Professor Alexis Sanderson）が一年間のサバチカルから帰ってこられた。この先生がわたしの授業許可の願い出を快く認めてくださったのは望外の幸運であった。これはマスターの学生のための授業で、ドクターよりうえの学生たちも来ていた。オールソールルズ・カレッジ（All Souls College）にあるサンダーソン先生の古風な書斎で、まさしく先生が専門とされるところのカシミール・シヴァ派のタントラをいくつか読んだのである。週に三回、学生たちに順々に英訳させつつ、先生は二時間あるいは三時間、滔々とお考えをお話しになるのであった。まったくの門外漢のわたしにも、先生がサンスクリットという言語を知り抜いた最高の感性と頭脳の持ち主であることが感ぜられた。このときほど自分の英語能力の貧弱さが残念であったことはない。サンダーソン先生はまた広い範囲の趣味や関心をもっておられたようだ。授業のために先生の書斎へ行くと、いつも静かにクラシック音楽が流れていた。また、先生のお弟子のひとりである東京大学出身の種村隆元さん（Ryugen Tanemura）によれば、先生は密教関係の記事を読むために『紫式部日記』の英訳を手に取られたが、次第に文学作品としてのこの日記に興味をもつようになられたとのことである。それに、先生は大変美しい英語を話しておられたが、これこそが最近は使う人も少なくなった（ようにわたしは思った）オックスフォード・イングリッシュだったのだろう。この授業には先生の門下のソームデーヴ（Somdev Vasudevo）、チャバ（Csaba Dezsö、ハンガリー人）、アレクス（Alex Watson、イギリス人）らが来ていた。みな親切で天才あるいは秀才肌の人たちだったが、なかでもソームデーヴは傑出しているように思った。彼はインド人とフィンランド人の父母をもつと聞き、両親の言語のほかドイツ語、フランス語なども使いこなすようだった。

オックスフォードのインド学では開講期間中の毎月曜日一時から、ゴンブリッチ先生のバリオル・カレッジ（Balliol College）の食堂で、マンディ・ランチ（Monday lunch）とかサンスクリット・ランチ（Sanskrit lunch）とか呼ばれる昼食会があった。総じてインド学のメンバーは三、四十名くらいいたのであろうか。八割がたは外国人と見え、東アジアやインド系の人々がやや多かったかと思う。学部や大学院の学生（わたしの滞在中、学部学生は一年めにふたり、二年めにはいなかった）のほか、フェロー、わたしのようなヴィジター、聴講生など、さまざまな身分の人たちがいた。仏教のお坊さん、尼さんや、それからヒンドゥー教徒も何人かいた。わたしがオックスフォードのインド学を非常に快適と感じたのは、ゴンブリッチ先生の寛大さに負うていることは言うまでもないことながら、これらの人々の文化的背景の多様さと平均年齢の高さのおかげでもあっただろう。三十代なかばのわたしが「学生」として平気な顔をしてそこにまじらうことができたのである。それに、西洋人でない人々の間にも西洋流のひらけた大人の人間関係が保たれていた。

最後にインド研究所図書館（Indian Institute Library）に一言ふれておきたい。この図書館はかのモニュエル（M. Monier-Williams）とマラン牧師（Malan）の寄贈書にはじまるものということで、もと、ボードリアン図書館（Bodleian Library）近くの Indian Institute 内にあった。しかし植民地時代も遠ざかるにつれこの立派な建物を保つことが困難になったのであろう、Indian Institute は解体し、図書館のほうはボードリアンの屋上に増築して移ることを余儀なくされたようである（一九六七年のことだったらしい）。旧 Indian Institute の建物は現在近代史の人々（Modern History Institute）に使われているが、以上の経緯についてインド学のメンバーが言及するのをまったく聞かなかった。ともあれ、この最高の図書館で、門外漢のわたしはとにかくありとあらゆる書物を手に取ってみた。インド学の文献世界のイメージを、つまりは概念的な図書館を自分の頭のなかに作りたかったからである。司書のエヴィソン女史（Dr. Gillian Evison）やサイモン（Simon）の目にわたしは何者と映ったであろうか。仕事に対する熱意と誠実、訪れる人々に対する親切、そこにある文献や資料を把握しきった学識という点で、彼らは最高の librarian であった。意志疎通の点で難があり、複写機を二度も壊したわたしに対してもその態度は変わらなかった。それに、彼らの英語がまた最高に聞きとりやすい端正なオックスフォード・イングリッシュだったのも救いであった。

一生の財産となるであろう、この二年を全うするため助けてくださった方々に感謝しつつ、ここで筆を擱きたい。

付記

この「体験記」は、北海道大学におられた吉永清孝先生（その後東北大学に転任された）のお勧めによって書き、『北海道印度哲学仏教学会会報』第一五号（二〇〇一年）に載せていただいた拙文「オックスフォード体験記」を基にしている。この「体験記」のみは本書の他の部分と違い、平仮名書きの多い文章となっているなど文体が異なっているが、最初の執筆時の文体についてのささやかなこだわりを残すことにし、敢えてその点を変えることはしなかった。

それにしても、オックスフォード大学はその全貌はもちろんのこと、一部の専攻に限っても、その実態を客観的に把握することが難しい大学である。そこへ英語のコミュニケーション能力の弱い私が出掛けていって理解したことにはおそらく大小の誤解や主観的印象が混じっているに違いない。ここに収録した「体験記」は、半ば私個人がそのように受け止めたものとして読んでいただければ大変幸いである。

また、文中で触れている、ジャスティン・メイランド氏の待望の博士論文は二〇〇三年にオックスフォード大学に提出・受理され、氏は博士の学位を授与された。私も氏自身からそのコピーを一部受け取ったので、ここに紹介しておきたい。Justin Meiland, *Buddhist Values in the Pali Jatakas, with particular reference to the theme of renunciation*, Oxford, 2003.

あとがき

本書が成るそもそものきかっけとなったのは小林信彦先生（インド文学・仏教説話の比較研究）である。本書『三宝絵本生譚の原型と展開』は二〇〇五年度に桃山学院大学大学院文学研究科に提出し、それによって「博士（比較文化学）」の学位を授与された、全八章から成る博士論文『ジャータカ説話の原型と展開』を基に、改稿や新たな原稿執筆を行って完成したものである。小林先生には、私がまだ学生であり、先生が京都大学文学部にお勤めであった時代にサンスクリットの手ほどきをしていただき、私が職を得てからは、二年間勤務先の大学を離れて英国でサンスクリット等の勉強に専念する機会を得るのにご助力・ご尽力をいただいた。そうしてそのような勉学と研究の成果をまとめて、先生が再就職されていた桃山学院大学に博士論文として提出させていただくに至るまで、数えきれないほどのご恩を受けた。また、長尾佳代子氏（現在大阪体育大学准教授、仏教文学・サンスクリット文学等）をはじめとする先生のお弟子の方々の何人かとは今でも親しくしていただいたり、教えていただいたりしている。

もともと大学・大学院で日本文学を専攻した私が、なぜ、このような本を世に出すことになったのか。本書を少しでも読んで下さった方にご説明するため、そして、自分自身で再び確認をするため、思い起こしつつ、その経緯について書いてみたい。

将来もし大学に行くことがあったら、文学を勉強しようと考えるようになったのは、私がまだ小学校に通っていた頃であった。否、実際にはそれは二、三歳のときから決まっていたという方が正しい。ディック・ブルーナの『ミッフィー』シリーズ（石井桃子訳『うさこちゃん』シリーズ）の絵本を手に取っていたとき以来、私の現在の読書・研究生活は基本的には変わっていないのである。「文学」専攻、それをさらに進めて、「国文学」（日本文学ではなく）専攻と決めたのは中学生のときであった。私がそれまでにいた場所は、（中途半端に）西洋的であったというのであろうか、あるいは（これまた中途半端に）キリスト教の影響下にあったというのであろうか、とにかく訳もなく、日本のもの、日本的なもの全てを蔑視する環境であった。しかし、私は従順・素直な人間ではなかったのであろう、その立場に組みすることはなかった。かえって、「そんなことはないはずだ」という強い反発心・批判意識を持つようになった。自分は日本語を母語とする人間であるから、世界中の文学の中で「国文学」が最も理解できるはずだ。私は「国文学」を勉強するべきだ。…とそのように頑なまでに思い込み（思い詰め）、大学、続いて大学院へと進学して国文学を学び、ついにその道で大学教員の職にまで就いてしまったのであった。

しかし、やはり、日本的というより西洋的、日本の諸宗教のものというよりキリスト教のものに近い発想や思考、行動は私の心身そのままになってしまっているかのようである。京都市に生まれ育ちはしたものの、何代もそこに住んでいたというのではない「よそ者」である。と言ってまた、故郷というものを持たず、田舎も知らない私は、結局いまだに日本の常識・作法、民俗・風習をほとんど何も知らないままである。母語こそ日本語であるが、これでは外国人が日本文学を学んだようなものである。奥三河の田舎育ちの夫が、しばしば笑いながら指摘することでもある。

しかし、逆説的なようであるが、それほど日本のことを知らないのであれば、まずは日本のことを勉強してみたのはやはり良かったのであろう。

私が大学で勉強するために必要な学費・学資を喜んで払いたいという人物はいなかった。そこで、私は当時住んでいた場所、京都市左京区の岩倉から通うことのできる、かつ、文学部を持つ京都の私学のうちで当時最も学費の安価な大学であった、京都市北区の衣笠にある立命館大学に入学した。そして、日本神話を学ぶつもりで、三年間ほどは日本神話を中心に古代文学を勉強していた。当時立命館大学には比較神話学で高名であった故・松前健先生（ご業績は『日本神話の新研究』を初めとして多数）がおられたので、偶然にしてはあまりにも好運に恵まれたと言え、千載一隅の機会のはずであった。が私は、ふとしたことをきっかけとして卒業論文は神話を研究対象とせず、『古事記』『日本書紀』より百年ほどのちに成立した、日本最古の仏教説話集『日本霊異記』を選んだ――神話をやめた理由というのも、松前先生がおられたためか神話を卒業論文の対象に選ぶ学生が予想以上に多かったため、「多勢派（でもなかったのだが）に付くものか」とまたまた跳ね返ってしまったというにすぎないのであるが――。

そうして、そのまま、修士論文、博士論文と突き進んだ。修士課程では苦労の果てに四年目に突入し、かなり追い詰められた。こうした私の背景には、言うことを聞かず、勝手な行動を取る弟子に対してとにかく「寛容」であったという点において、ただただ感謝の言葉を捧げるしかない福田晃先生がおられた（現在立命館大学名誉教授、軍記文学・説話文学・伝承文学）。この修士課程の四年目に、福田先生が修士論文執筆のための最適の指導者に私を引き会わせて下さったのである。というのも、当時小樽在住で札幌大学にお勤めであった故・高橋伸幸先生（軍記文学・説話文学、また、説話資料を扱われた。本書・第一章で先生のご著書『諸本對照三寶繪集成』を挙げている）が、その年度たまたま大谷大学に内地留学に来られていたのである。私は福田先生のご紹介によって高橋先生に個人的に修士論文のご指導を仰いだ。この経緯については、前著『日本霊異記と唱導』の「あとがき」に記しておいた。

ただ、そこに書かなかったのは、私自身の小樽への赴任が既に決まり、前著の「あとがき」を書いていたそのとき、高橋先生はまもなく亡くなるということを知っていたということであった。高橋先生は、私が赴任して二箇月ばかりの六月三日、小樽・札幌でライラックの咲いている中で亡くなった（享年五十五歳）。その後も先生がお元気であったならば、小樽に来てから私の進む道は全く異なっていたであろう。日本の説話文学の諸学会のほとんど最大の中心人物である高橋先生が住んでおられるすぐ傍に赴任するのであるから、私は日本の説話の研究や学会と深く関わることになったであろう。高橋先生は真の意味で私の恩人であり、本書・第一章で挙げた『三宝絵』研究史における高橋先生のご業績によって再び先生とのご縁の深さに思いを致す。しかし、私が小樽に赴任してから高橋先生から課されたであろう研究対象や人間関係・役割・立場が私の性格にあっていたのかどうかと言えば…。

文学を専攻しつつ、思想を勉強したいというのが、大学に入る前からの私の本意であった。思い起こしてみれば、学部の一回生のとき、ある研究会の『宇治拾遺物語』講読に参加したが、私が自分の担当する説話として選択したのは「提婆菩薩、龍樹菩薩の許に参る事」であった。『宇治拾遺物語』の説話としては変わったものを選んだことになるであろう。このことを思い出すと、現在までこのような進路を辿って来たのは、必然的であったのだという気がする。

そして、前著『日本霊異記と唱導』の基になった論文・「『日本霊異記』破戒説話と法会唱導」を書いていたときのこと、「瞋恚の念から仇敵に報復をしてはならない」という教えを持つ幾つかの『日本霊異記』説話のあとに、仏典由来のインド説話の一部が傍証として付けられていることに強く興味を引かれた。それらの説話は存在を示唆する覚書《おぼえがき》程度に記されているものであり、そのストーリーは私が仏典を調べ漁った結果知ったことであった。それらのインド説話の一つは例えば、『日本霊異記』下巻第二縁に付けられているものであり、仏典を探ってやや詳しく書けば――舎衛国（＝コーサラ国）の波斯匿《はしのく》王が釈迦族に釈迦族の娘とだまされて婢《はしため》を娶り、その婢から瑠璃王が生まれる。瑠璃王は成人後、釈迦族の若者たちに出自を暴露され愚弄されたことを恨み、即位後、釈迦族を滅ぼす――という有名な説話である。また、一つには『日本霊異記』下巻第四縁に付けられているもので、これも仏典を調べて記すならば――父の長寿王を殺害した貪王を殺す機会を得た長寿王の息子・長生が父の「怨に報いるは孝ではない」という言葉を思い出し、報復を思いとどまる、長寿王は仏、長生は阿難、貪王は提婆達多――という『長寿王経』の説話であった。また、こういった『日本霊異記』説話の研究を続けていた大学院生時代に、『今昔物語集』天竺部の説話の中に、本生譚・ジャータカ起源のものがあることを知り、一種憧憬の念のようなものを持った。やはり、本書が成るまでの経緯は必然そのものとしか思えない。

それにしても、何にしても、自己の専門の選択において、私が一つ完全に誤ったのは、自分自身が語学を学ぶことが好きであるということに（少なくとも十分には）気付いていなかった、ということである。私は語学・外国語を学習することが好きだったのである（得意だったというのではない）。しかし、語学を学びたいという欲望は、やはり、日本語を母語とする者が日本文学を専攻していては満たされることが難しいと言わざるを得ない。このような状況にあった私を、学生時代の最後の年において、急激に大転向させたのが、小林信彦先生であった。

サンスクリットを勉強してみませんか。予習は要りませんから。

と小林信彦先生はおっしゃった。私は即答した。

いつかやってみたいと思っておりました。

すると、小林先生。

それでは、…曜日と…曜日の…時から、京大の文学部の…教室で授業をやってますから、来て下さい。

この一連の対話がなされたのは、一九九三年四月二八日（水）、同志社大学で行われた説話・伝承学会の懇親会の席上においてであった。私はそのとき二十九歳、大学院博士課程の三回生であり、博士論文をまとめることに懸命になっているときであった。しかし私は、小林先生のお誘いを真っすぐに受け止めて、さっそく連休明けから先生の初級サンスクリットの授業に出掛けて行った。小林先生が自ら考案されたユニークなテキストを用いての授業であった。ただ、「予習は要りませんから」という私の入門をたやすくさせた小林先生のお言葉は、『法華経』「化城喩品」の比喩のごときものであった。また、迂闊にも私はしばらくの間、その授業が週二回で一組であることを理解せず、同じ授業が週に二回されているので、どちらか片方に出席すれば良いのだとばかり思い込んでおり、出席するたびに授業の進行状況が全く不可解であった。サンスクリットは難しい言語と聞いていたが、本当に右も左もわからない、と思ったものである。実に、私のサンスクリット入門は惨憺たるものであった。

サンスクリット学習に予習はやはり必要だということはすぐにわかった。しかし、授業は週に二回出席しなければならないと知った頃にはもう夏が訪れていたであろうか。全く専門の違う分野で博士論文を書きながらサンスクリットの勉強を続けるのはかなり努力を要すると観念したが、やめる気は全くなく、その後も授業に通い続けた。

翌・一九九四年度は、オーバードクターとなって、小林信彦先生・明美先生ご夫妻（明美先生は当時大阪外国語大学の留学生センター長）からご紹介いただだいた大阪外国語大学の非常勤講師を勤め、上級日本語クラスで日本の古典文学を教えたりなどしていた。その一方、大学教員の公募を受け、博士論文を出版するための改稿作業をしていた。一年に終わったこのオーバードクター時代にも週に二回、ランマン（Charles Rockwell Lanman）の古典的読本、*A Sanskrit Reader* に入っている『マハーバーラタ』の「ナラ王物語」や『ヒトーパデーシャ』の幾つかの説話を読んだ。ちゃっかり期末試験まで受けたのであった。しかしながら、正直なところ、もともと日本文学を専攻し、英語に接する機会さえ稀で、学部時代に一般教育レベル程度のフランス語をやっただけの私には、ごく易しいランマンのテキストのサンスクリットをほんの少し理解するのにも多大な努力と時間が必要であった。

そして、この年に、次年度・一九九五年度から小林先生の下でインドの文学を学ぶという計画で応募した学術振興会の特別研究員に採用が決定したのは一一月頃であっただろうか。一から全て学び直そうと喜び勇んでいたところ、皮肉にも（?）、一二月頃、別に応募していた小樽商科大学の教員に採用が決まったのであった。学術振興会の特別研究員の方を選択するべきだという意見は誰からも聞かなかった。そこで、学術振興会には辞退届を提出し、現在も心から満足して勤めている小樽商科大学には大変申し訳ない言い方であるが、一九九五年の三月末、私は涙に暮れて（?）京都を離れ、舞鶴港から小樽行きの船に乗ったのであった。

しかし、小林先生は「北大へ行け」と餞《はなむけ》の言葉を下さっていた。そこで私は北海道大学に出掛けて行った。私が本書を完成することができた背景には小林先生が心の支えになって下さったということの他に、北海道大学のインド哲学・仏教学の先生方、学生さん方に助けていただいたこと、教えていただいたことが数多くあるのである。北海道大学のインド哲学・仏教学、そして、北海道印度哲学仏教学会に迎え入れて下さった先生方は、藤田宏達先生（現在北海道大学名誉教授、浄土三部経研究の大家）、今西順吉先生（現在国際仏教学大学院大学教授・理事、インド哲学を中心に幅広い研究領域を持っておられる）、藤井教公先生（中国仏教・日本仏教）、細田典明先生（原始仏教・ウパニシャッド等）、吉水清孝先生（現在東北大学准教授、ミーマーンサー哲学等）である。私と北海道大学のインド哲学・仏教学の先生方、学生さん方との交流についてこれ以上書くことはまだ早く、次の機会を待ちたい。

さて、比較的若いうちに職を得たことによって、さらに新しい展開が訪れた。小林先生ご夫妻のご紹介によって、オックスフォード大学のジェームズ・マクマラン先生（Dr James McMullen、日本学・熊沢蕃山の『源氏物語』研究等）にインヴィテーションをいただき、文部省派遣の在外研究員（若手枠、三十五歳までに出国という条件、現在は廃止）に応募したところ、これに採用されたのである。そして、一年間は文部省在外研究員として、次の一年間は私費での研修という形を取り、一九九九年の三月三〇日から二〇〇一年の三月二九日まで、あわせて二年間、オックスフォード大学・オリエンタルインスティテュートのアカデミック・ヴィジターという身分で、日本学とインド学を学ぶ機会を得たのであった。この場所を借りて強調・感謝の辞を述べておくならば、小樽商科大学は教員が海外で（国内でもであるが）研究・勉学に励むことについて実に寛大な大学なのである。

ともかくも、そのようにして与えられた時間の大半は、リチャード・ゴンブリッチ先生（Professor Richard Gombrich）をはじめとする先生方による、サンスクリットとパーリ語の初級と講読の授業に出席することと、そのための準備、勉強に費やした。この忘れがたい二年間について書いた文章は、本書に「付篇二　オックスフォード体験記　Two Years in Oxford」と題して収録しておいた。かの地で二年間、全く「学生」になりきって嬉々として勉強に励み、この二年が終わった頃にようやく、サンスクリットを努力すれば少しは読めるという状態になった気がする。大学院の修士課程の（まだ修士論文を書いていない）学生の学力くらいには達していたかもしれない。

この英国滞在もあとしばらくという頃に、桃山学院大学に再就職しておられた小林先生からファックスが届いた。

桃山学院大学で学位を取りませんか。希望者には既に…さんと…さんと…さんがいます。

という文面であった。小林先生からそのようなお言葉があるのであれば、私としては何らの躊躇もあるはずはなかった。渡英以前にある程度の構想を抱きつつ、「第二章　シビ王本生譚の原型と展開」と、「第七章　大施太子本生譚の原型と展開」の基になった論文を公刊していた。また、滞英中にインド研究所図書館（Indian Institute Library）において、本書・第四章で挙げている渡辺海旭の英語論文を見付けたことがきっかけとなって、帰国後まもなく、「第四章　スタソーマ王本生譚の原型と展開㈠」、「第五章　スタソーマ王本生譚の原型と展開㈡」、「第六章　スタソーマ王本生譚の思想的背景」の基になった論文を書き、また、別な視点で「第三章　シビ王本生譚の主題とその達成」を書いた。さらに総括としての意味を込めて、最後に、「第八章　大施太子本生譚の誕生」と「第一章　『三宝絵』とその本生譚」の基になった論文を執筆したのであった。これら八論文の改稿を行い、全八章という小さめの博士論文ではあるが、二〇〇五年九月三〇日付で桃山学院大学に提出した。小林先生は二〇〇五年度でご退職であったから、許された時間を限界まで使ったのである。

博士論文審査の日は二〇〇六年二月二日、主査は小林信彦先生、副査は桃山学院大学の米山喜晟先生（イタリア中世史・中世文学・文献学）、梅山秀幸先生（日本文化史・日本文学・韓国文学）であった。この日に私は三人の先生方に大変なお叱りを受けてしまった。そのお叱り、すなわち激励の内容を端的にまとめるならば「自分の意見・主張をもっと明快に述べよ！」ということであっただろう（桃山学院大学『国際文化論集』第三四号［二〇〇六年］にその概要「博士論文の要旨（および論文審査結果）」が収録されている）。まさにご指摘の通りであった。日本文学出身でありながらインド学・仏教学の世界で放浪を続けた私は本能的に、過剰に自己防衛的となり、故意に、読者にとって、私自身が研究史の上に新しく付け加えたものが何であるのかがわかりづらいように書いたのであった。理解されることをほとんど断念し、しかし、伝えたいメッセージを暗号化して密かに埋め込んでおいたとも言える。その点を鋭く指摘され、激しく叱責されたのであり、この激励は心から感謝して受け止めさせていただいた。この「わかりづらさ」は、その後改稿を行って本書を成すまでに十分には解消できていない。その解決は本書全体のほとんど完全な書き直しを意味する。そこで、今回は私がその時期に抱えていた前述のような問題を示すということでおおよそそのまま残す形とした。本書を一部でも読んで下さる方には申し訳ないことと思うが、背景にこのような精神状況のあったことを一応釈明しておきたい。

改めて申し上げたい。博士論文の審査に当たって下さった小林信彦先生、米山喜晟先生、梅山秀幸先生には心からのお礼を申し上げなければならない。「厳しくも優しい御言葉を頂戴しまして本当にありがとうございました」と。

また、先にも触れた文部省在外研究員に採用されたことによって、英国のインド学・仏教学に少しなりとも触れ得たことは私の人生最大の財産である。小林信彦先生、小林明美先生、両先生のご友人であるジェームズ・マクマラン先生、そして、リチャード・ゴンブリッチ先生（Professor Richard Gombrich）をはじめとする先生方にも感謝を申し上げる。

そして、本書の基になった幾つかの論文の執筆については、二度、計六年間、次のような学術振興会・科学研究費補助金の援助を受けた。感謝の念を込めてここに記しておく。

二〇〇一年～二〇〇二年：「若手研究B（旧・奨励研究A）」（研究課題『日本文学のジャータカ仏教説話と原型・インド説話との比較研究』、課題番号・一三七一〇二五一）

二〇〇三年～二〇〇六年：「基盤研究C」（研究課題『日本文学のジャータカ説話（本生譚）と源流・インド説話との比較研究』、課題番号・一五五二〇一〇三）

さらにありがたいことに、本書・出版に当たっては、二〇〇七年度・科学研究費補助金・研究成果公開促進費を与えられている。その獲得の際にご助力下さった方々、また、大学と出版社が初めて出版契約書を取り交わす混乱状態のとき（前年度までは著者と出版社のみが当事者）、著作権の問題などの絡む契約書の様式について名案を授けて下さった小樽商科大学の山本眞樹夫副学長（理事・総務財務担当、会計学）、和田健夫副学長（理事・教育担当、経済法）にも御礼を申し上げげたい。

そうして、いよいよ公刊ということになり、少しでも読んでいただくに堪え得る内容にしようというとき、北海道大学大学院文学研究科の宗教学・インド哲学仏教学の細田典明先生に本書の前段階の原稿を通読していただいた。インド学・仏教学の専門家の目にも触れる可能性のあることゆえ、本書の公刊には少なからぬ心配・懸念もあることであったが、細田先生の多くの有益なご助言によってずいぶんそれは軽減された気がする。ご指導をいただき、勇気づけて下さった細田先生に心からの感謝を申し上げなければならない。それでもなお、先生のアドバイスの全てを生かしきるには私の力は足りなかった。本書に残った問題点の全ては私の責任に帰する。それから、本書の拙い英文要旨には、漢訳仏典の名称を中国語音のピンインを用いて英語表記している。ピンイン表記については一旦私自身がやり、細田先生のお弟子、将来有望の山畑倫志氏（現在北海道大学大学院博士後期課程三年生、中国語の他、サンスクリット、アパブランシャ語等多くの言語の専門家）にチェックしていただいた。

最後に、拙い本書の出版をお引き受け下さった汲古書院の方々、石坂叡志社長、営業の三井久人氏、そして、本書の編集を担当して下さった飯塚美和子氏に厚く御礼を申し上げたい。決して仕事が早いとは言えないくせに、妙な執着心のある本書の著者は、汲古書院の方々に大変なご心配をお掛けしたと思う。「本当にお世話になりました。ありがとうございました」。

二〇〇八年一月一九日（土）

中村　史

著者略歴

中 村　史（Fumi Nakamura）

【略歴】1963年9月　京都市生まれ
1986年3月　立命館大学文学部文学科（日本文学専攻）卒業
1994年3月　立命館大学大学院文学研究科博士課程後期課程（日本文学専攻）修了
1995年4月　小樽商科大学商学部助教授
2005年10月　小樽商科大学商学部教授（Professor, Otaru University of Commerce）（現在に至る）
1999年3月　オックスフォード大学オリエンタルインスティテュート・アカデミックヴィジター（Academic Visitor, Oriental Institute, The University of Oxford）（2001年3月まで）

【学位】1994年3月　博士（文学）・立命館大学
2006年3月　博士（比較文化学）・桃山学院大学

【単著】『日本霊異記の唱導性』（三弥井書店、1995年）

【論文】「『マハーバーラタ』第13巻『鸚鵡とインドラの対話』の考察」（『印度哲学仏教学』第23号、2007年）他

【連絡先】〒047-8501　北海道小樽市緑3丁目5番21号　小樽商科大学　中村　史
Dr Fumi Nakamura
Otaru University of Commerce
3-5-21, Midori, Otaru, Hokkaido, 047-8501 JAPAN

【電子メール】n-fumi@res.otaru-uc.ac.jp

三宝絵本生譚の原型と展開

二〇〇八年二月二九日　発行

著者　中村　史
発行者　石坂叡志
整版印刷　富士リプロ㈱

発行所　汲古書院
〒102-0072 東京都千代田区飯田橋二-五-四
電話　〇三（三二六五）九七六四
FAX　〇三（三二二二）一八四五

ISBN978-4-7629-3565-7　C3090

KYUKO-SHOIN, Co., Ltd. Tokyo.

英文要旨　Summary in English

The Origin and Evolution of Jātaka-tales in *Sanbōe*

Chapter 1　The Jātaka-tales in *Sanbōe*

This chapter firstly describes the history of the study of *Sanbōe*（三宝絵）, a Japanese literary collection of Buddhist narratives, dedicated to Princess Sonshi（尊子）, written by Minamotono Tamenori（源為憲）in 984. The chapter finally maintains that the jātaka-tales in *Sanbōe*（三宝絵）are the oldest or the largest group of this type of Buddhist narratives, telling Buddha's former lives in reincarnation, in Japan.

Chapter 2　The Origin and Evolution of the Śibi-jātaka

This chapter firstly maintains that the Śibi-jātaka which is served as an example of dāna-pāramitā, the perfection of charity, in *Sanbōe*（三宝絵）shares its lesson only with two Chinese texts, whose original Sanskrit texts has not been discovered: one of those Chinese texts is *Dazhidu-lun*（大智度論）, believed to be written by Nāgārjuna（龍樹）and translated by Kumārajīva（鳩摩羅什）, in which the Śibi-jātaka in *Sanbōe*（三宝絵）has mainly its origin, and the other of above written Chinese texts is *Liuduji-jing*（六度集経）, translated by Kang Senghui（康僧會）. The story roughly goes as follows: Śibi, one of the Buddha's former existences, is known as a very merciful and charitable king, a giver of anything

to anyone who asks. Examiners visited Śibi in order to know solidity of his resolution: Indra（帝釈天）turning into a hawk and Viśvakarman（毘首羯磨天）into a dove. The king gives his own whole body to the hawk who insists that the dove should be his food. Finally, Śibi's blooded body is restored by his own oath to be the Buddha. Having almost the same structure and motives told above, however, the Śibi-jātaka is related in order to advise to seek Buddha's teaching（Buddhist dharma）in three other Chinese texts, *Dazhuangyanlun-jing*（大荘厳論経）, *Pusabenshengman-lun*（菩薩本生鬘論）, *Xianyu-jing*（賢愚経）. Moreover, the tale of Śibi（not Śibi-*jātaka*）appears in the Sanskrit epic, *Mahābhārata*, showing an example of kings' duties or kshatriyas'（rāja-dharma, kṣatra-dharma）, protecting people or creatures, in the Hindu code. The tale of Śibi has evolved from the story for Hindu-dharma into that for Buddhist-dharma.

Chapter 3　The Completion and Incompletion of Expressing the Śibi-jātaka's Theme

This chapter firstly maintains that the Śibi-jātaka is *not* thoroughly successful as an example of dāna-pāramitā, the perfection of charity, when examined in terms of a structure. The Śibi-jātaka, like other jātaka-tales, consists of three parts: a story in the present, a story in the past and an exposition of links between the present and the past（'connection'）. The Śibi-jātaka's theme is not consistent in the three parts in the three Chinese texts: *Dazhuangyanlun-jing*（大荘厳論経）, *Pusabenshengwan-lun*（菩薩本生鬘論）and *Xianyu-jing*（賢愚経）. They advise to seek Buddha's teaching（Buddhist dharma）in the framing parts: a story in the present and an exposition of links between the present and the past. However, in the framed part, which is main and the largest, a story in the past, the greatness

and mercifulness of the Buddha is the first and the last thing to tell. In the case of *Dazhidu-lun*（大智度論）, the story in the past tells also the greatness and mercifulness of the Buddha. As a result, the meaning of dāna-pāramitā is inclined to the greatness and mercifulness of the Buddha in the framing parts. On the other hand, the three parts are straighten up as an example of dāna-pāramitā in *Liuduji-jing*（六度集経）.

Chapter 4　The Origin and Evolution of the Sutasoma-jātaka 1

This chapter firstly maintains that the Sutasoma-jātaka which is served as an example of śīla-pāramitā, the perfection of the Buddhist precepts, being truthfull in this case, in *Sanbōe*（三宝絵）shares its lesson only with two Chinese texts, namely, *Dazhidu-lun*（大智度論）, in which the Sutasoma-jātaka in *Sanbōe*（三宝絵）has its origin, and *Liuduji-jing*（六度集経）. The chapter secondly maintains that this jātaka is *not* thoroughly successful as an example of śīla-pāramitā, especially in *Liuduji-jing*（六度集経）. There are many versions of Sutasoma-jātaka and the story roughly goes as follows: King Sutasoma promises a brahmin on the way out that he should give the beggar alms after he returns to his palace. However, before returning, the king is caught by a man-eater, called Kalmāṣapāda (or Saudāsa in a few versions) and he becomes unable to be faithful to his word. Sutasoma takes another oath to definitely come back to Kalmāṣapāda after he has given alms to the brahmin. In the end, the king really comes back and his truthfulness of speech or conduct makes the cannibal so astonished and overwhelmed that the evil one is converted. Kaikyoku Watanabe（渡辺海旭）, a Japanese scholar, published a long English article on this jātaka in 1909, showing almost all of the numerous Brahmanical, Buddhist, and Jaina verisions of this jātaka and concluded

that it evolved from simpler formed one to more complicated formed one among Brahmanical and Buddhist texts with influences to one another. This great scholar seems to have mainly paid attention to the form or the type of each version and have scarcely been interested in gradations or differences in what kind of lessons they have among the versions.

Chapter 5　The Origin and Evolution of the Sutasoma-jātaka 2

This chapter maintains that the Sutasoma-jātaka has the background of *satya* or *satya-vacana* or called in some other similar way, which E. W. Burlingame translated as "the act of truth" in 1917. Three Chinese texts and as many Pāli texts are dealt with in the chapter: *Jiuzabiyu-jing*（旧雑譬喩経）translated by Kang Senghui（康僧會）, *Zabiyu-jing*（雑譬喩経）, *Sengqieluochasuoji-jing*（僧伽羅刹所集経）translated by Sengqiebacheng（僧伽跋澄）, Mahāsutasoma-jātaka, Nidānakathā and *Cariyā-pitaka* in Pali. Some versions of the Sutasoma-jātaka in these texts have satya or satya-vacana as a main theme or a background; a version shows traces of having related to satya-vacana, in spite of its rather complicated story with inconsistent elements in the present form. In two of the Chinese texts, *Jiuzabiyu-jing*（旧雑譬喩経）and *Zabiyu-jing*（雑譬喩経）, the Sutasoma-jātaka has a simple story and serves as an example of truthfulness. *Sengqieluochasuoji-jing*（僧伽羅刹所集経）, a Chinese text with a unique, so to speak "seventeen pāramitā", puts the jātaka not into the chapter of śīla-pāramitā but into that of satya-pāramitā. Mahāsutasoma-jātaka in *Jātaka*, which advocates the greatness of the Buddha in the present form, shows traces of the idea of sacca-vacana（satya-vacana）in it. In the following Pāli texts, Nidānakathā in *Jātaka* and *Cariyā-pitaka*, the Sutasoma-jātaka is assigned to the job of serving as an example of sacca-pāramitā, which

is thought to be descended from sacca-vacana. When the lesson of the Sutasoma-jātaka became śīla-pāramitā, what converted Kalmāṣapāda in this jātaka became Sutasoma's power coming from his fulfiled śīla, precept, not from his perfected truthfulness, *satya*.

Chapter 6 The Religious Background of the Sutasoma-jātaka

This chapter examines why King Sutasoma must return to Kalmāṣapāda, a cannibal, in order to be devoured in terms of the religious background of satya-vacana. The typical case of satya-vacana which has been studied by many scholars is seen, for instance, in the Śivi-jātaka, where King Śivi declares that he seeks for the enlightenment not for anything else and then his destroyed body (eyes in the Pāli versions) is restored at once by the power of his satya-vacana, truthfulness of speech. In other words, in this kind of story with satya-vacana, a certain person declares something concerning his past or present life (or some universal phenomenon) and, if his speech is *true*, something extraordinary happens *immediately* by the power of truthfulness. This is extremely different from the case of Sutasoma-jātaka, where the king swears to come back *later* and nothing astonishing or supernatural happens on the spot; what may be more important here is his trying to be faithful to his own promise. However, the nature of satya-vacana is exceedingly various and many examples similar to that of the Sutasoma-jātaka in some way are found in the Sanskrit epic, *Mahābhārata*, when numerous examples of satya or satya-vacana are examined. For example, Bhīma takes oath to kill Duryodhana, saying, "I declare the truth" (satyaṃ bravīmi), concerning his future conduct (5. 73. 12-13) and Aurva is afraid that his oath to take his revenge is broken and therefore his word is untrue because his anger will burn himself

then like the fire does（1. 171. 1-2, 17.20）. King Sutasoma must return because he is a believer in the power of satya.

Chapter 7　The Origin and Evolution of the Mahātyāgavat-jātaka

This chapter maintains that the jātaka-tales, which now only remain in Chinese texts, with a main character who has the supposed name, *Mahātyāgavat, have evolved from the story praising dāna-pāramitā, the highest charity, to the story praising vīrya-pāramitā, the highest endeavor to attain the enlightenment. The chapter then maintains that one of the causes of this change is a type of jātaka-tales one of which is present as Mahājanaka-jātaka in *Jātaka*. The Japanese jātaka of Daise-taishi（大施太子 Prince *Mahātyāgavat）in *Sanbōe*（三宝絵）is served as an example of vīrya-pāramitā. The important motif in the story is the main character's endeavor to draw up the whole water from the ocean in order to take back a stolen precious stone by using which he planed to do the highest charity. This is the same as in the jātaka of Dashi-pusa（大施菩薩 Bodhisattva *Mahātyāgavat）in *Dazhidu-lun*（大智度論）, which the author of *Sanbōe*（三宝絵）is supposed to refer to, and a corresponding jātaka in *Fobenxingji-jing*（佛本行集経）and *Sheng-jing*（生経）. In the case of the jātaka of Pushi-shangzhu（普施商主）in *Liuduji-jing*（六度集経）, the story is told in order to praise charity, which is the primary theme of this type of story. Dashi-poluomen（大施婆羅門 Brāhmaṇa *Mahātyāgavat）in *Xianyu-jing*（賢愚経）appears as a mixture of an endeavor-story and a charity-story. On the other hand, Mahājanaka-jātaka in the present Pali *Jātaka* tells King Mahājanaka's adventures and endeavor to restore his lost kingdom. The nature theme of the story is *endeavor*.

Chapter 8　The Birth of the Mahātyāgavat-jātaka

This chapter maintains that the jātaka-tale of Daise-taishi（大施太子 Prince *Mahātyāgavat） which exists in *Sanbōe*（三宝絵）comes from the jātaka-tale of Dashi-taizi（大施太子 Prince *Mahātyāgavat）in *Sijiaoyi*（四教義）written by Zhiyi（智顗）only in terms of the main character's name. The chapter secondly maintains that the jātaka-tale of Daise-taishi（大施太子）is a mixture of two types of tale: one is like the jātaka of Kalyāṇakārin（善行太子）and the other is like the jātaka of Pushi-shangzhu（普施商主）which is dealt with in Chapter 7. The story of Kalyāṇakārin-jātaka roughly goes as follows: a generous-hearted prince, Kalyāṇakārin, goes on a voyage for trading in order to do charities, accompanied by his younger brother who is an evil person. Kalyāṇakārin gets an extraordinarily precious stone but is shipwrecked. His evil brother wounds both of his eyes and steals his precious stone. The blind wandering Kalyāṇakārin accidentally meets his fiancée, a princess, and marries her, without knowing each other's true identity. Finally, he restored his eyes by his truthfulness of speech and goes home with his wife. Kalyāṇakārin is explained as one of the former existences of Buddha and his evil brother as Devadatta, a famous enemy of Buddha. The jātaka-tale of Daise-taishi（大施太子）in *Sanbōe*（三宝絵）is the first case which is perfect not only in terms of the main character's name but also the contents being the mixture of two types of tale written above. In other words, the *birth* of the Mahātyāgavat-jātaka is seen in *Sanbōe*（三宝絵）on the history of Buddhist narrative literature.

索　　引

この索引は以下のような方法と意図を以て項目を選択し、作成した。

1．この索引が対象としているのは、本書の「付篇二」より前の部分である。ただし、「付篇二」からは後掲4．の観点から「Justin Meiland」を採っているのみである。

2．目次に挙がっている語句・表現は基本的に索引の項目としていない。目次に挙がっている語句・表現は本書に頻出するものが多く、それらを索引の対象にするとあまりにも煩雑になるからである。また目次によって、本書中でのその語句・表現の位置はおおよそ把握することができると考えたからである。例外は、

　試練を課す神、試練を与える神、

　真実語、真実の誓い、satyavacana、saccakiriyā、

　本生譚、ジャータカ、jātaka、

　渡辺海旭、Kaikyoku Watanabe、

である。「真実語、真実の誓い、satyavacana、saccakiriyā」については、それらの語の頻出する「第五章　スタソーマ王本生譚の原型と展開（二）」、「第六章　スタソーマ王本生譚の思想的背景」からは採らず、第五章、第六章以外からは採っている。また、「第二章　シビ王本生譚の原型と展開（一）」の「本生譚、ジャータカ、jātaka」は3．の条件の範囲で索引に入れてある。そして、「第四章　スタソーマ王本生譚の原型と展開（一）」の「渡辺海旭、Kaikyoku Watanabe」も、4．の観点から索引に入れてある。

3．語句の定義、解説など、特に重要な部分の頁のみを示している場合には＊印を付してある。具体的に挙げておけば、

　＊過去物語、atītavatthu、　＊出典、

　＊原拠、　＊本生譚、ジャータカ、jātaka、

　＊現在物語、paccuppannavatthu、　＊連結、samodhāna、

　＊原典、　＊枠物語、

である。

4．本書の「文献一覧　Select Bibliography」に連ねられている研究者の氏名はなるべく索引に入れてある。これによって、それぞれの研究者の見解、学説、業績等を比較的容易に通覧できるようにしている。漢字表記のできない外国人研究者名は最後に一括してアルファベット順に配列してある。

ア行

カ行

サ行

タ行

ナ行

ハ行

マ行

ヤ行

ラ行

ワ行

アルファベット順

文献一覧　Select Bibliography

Ⅰ．原典テキスト　Primary Texts

育徳財団編『三宝絵』(『尊経閣叢刊』、育徳財団、1932年)

出雲路修校注『三宝絵』(『東洋文庫』、平凡社、第1刷、1990年)

出雲路修校注『三宝絵』(『東洋文庫』、平凡社、第2刷、1993年)

小泉弘・高橋伸幸編『諸本對照三寶繪集成』(笠間書院、1980年)

名古屋市博物館編『三宝絵』(名古屋市博物館、1989年)

馬淵和夫・小泉弘・今野達編『三宝絵・注好選』(『新日本古典文学大系』、岩波書店、1997年)

山田孝雄『三寶繪略注』(宝文館出版、1951年)

『一代要記』(『改定史籍集覧』「通記」第二、近藤出版部、1897年)

『大鏡』(『日本古典文学大系』、岩波書店、1960年)

『小右記』(『大日本古記録』、岩波書店、1959年–1986年)

『日本紀略後篇　百錬抄』(『新訂増補国史大系』第11巻、吉川弘文館、新装版・2000年、第1版・1929年)

『本朝文粋』(『新訂増補国史大系』第29巻下『本朝文粋　本朝続文粋』、吉川弘文館、新装版・1999年、第1版・1941年)

高楠順次郎・渡辺海旭編『大正新脩大蔵経』(大正新脩大蔵経刊行会、1988年–1992年、初版・1924年–1932年)

S. K. Belvalkar, V. S. Sukthankar, P. L. Vaidya et al.(eds). *The Mahābhārata:*

Text as Constituted in its Critical Edition. 19 vols. Poona, 1933-1966.

V. Fausbøll (ed.). *The Jātaka together with its commentary, being tales of the anterior births of Gotama Buddha*. 6 vols. London, 1877-1896.

L. Finot (ed.). *Rāṣṭrapālaparipṛcchā*. St. Pétersbourg, 1901.

Raniero Gnoli (ed.). *The Gilgit Manuscript of the Saṅghabhedavastu*. 2 vols. Roma, 1977-1978.

N. A. Jayawickrama (ed.). *Buddhavaṃsa & Cariyāpiṭaka*. Oxford, 1995.

Patrick Olivelle (ed. and trans.). *Manu's Code of Law: Mānava-Dharmaśāstra*. Oxford, 2005.

É. Senart (ed.). *Le Mahāvastu: Texte Sanscrit publiē pour le première fois et accompagnē d'introductions et d'un commentaire*. 3 vols. Paris, 1882-1897.

Ⅱ. 原典テキスト翻訳 Translations

『国訳一切経』「印度撰述部」(大東出版社、1930年-1988年)

上村勝彦訳・原実編『マハーバーラタ』(『ちくま学芸文庫』、筑摩書房、2002年-2005年)

昭和新纂国訳大蔵経編輯部編『昭和新纂国訳大蔵経』(東方書院、1928年-1932年)

中村元監修・補註『ジャータカ全集』(春秋社、1982年-1991年)

平岡聡訳『ブッダが謎解く三世の物語――『ディヴィヤ・アヴァダーナ』全訳――』(大蔵出版、2007年)

前嶋信次・池田修訳『アラビアン・ナイト』(『東洋文庫』、平凡社、1966年-1992年)

鎧淳訳『マハーバーラタ ナラ王物語』(『岩波文庫』、1989年)

渡瀬信之訳『マヌ法典』(『中公文庫』、中央公論社、1991年)

E. A. Wallis Budge (ed. and Trans.). *An Egyptian Reading Book for Beginners*. London, 1896.

J. A. B. van Buitenen (ed. and trans.). *The Mahābhārata*, vols. 1-5. Chicago, 1973-78.

Margaret Cone and Richard F. Gombrich (trans.). *The Perfect Generosity of Prince Vessantara: A Buddhist epic*. Oxford, 1977.

J. J. Jones (trans.). *The Mahāvastu*. 3 vols. London, 1949-1956.

Étienne Lamotte (trans.). *Le Traitê de la Grande Vertu de Sagesse de Nāgārjuna* (*Mahāprajñāpāramitāśāstra*). 5 vols. Louvain, 1944-1980.

Ⅲ．著作・論文　Secondary Literature

赤沼智善『印度佛教固有名詞辞典』(法蔵館、1994年、1931年自序)

安藤充「斑足王食人肉譚の展開について」(『仏教研究』第21号、1992年)

石橋優子「仏教説話文学に見られる『真実の陳述』」(『仏教文学』第21号、1997年)

出雲路修『説話集の世界』(岩波書店、1988年)

出雲路修「物語と仏教」(『仏教文学』第15号、1991年)

伊藤千賀子「『兎王本生』の諸相とその原形」(『文芸と批評』第6巻3号、1986年)

伊藤千賀子「『三宝絵詞』における『三帰の縁』から『仏になる道』まで」(『早稲田大学大学院文学研究科紀要』別冊第16集、1989年)

今西祐一郎「『かかやくひの宮』考」(『文学』第50巻第7号、1982年)

今西祐一郎「『火の宮』尊子内親王考」(『国語国文』第51巻第8号、1982年)

岩本裕『インドの説話』(『精選復刻紀伊国屋新書』、1994年、初版・1967年)

岩本裕『仏教説話の源流と展開』(『仏教説話研究』第2巻、開明書院、1978年)

太田紘子「三宝絵（上十二）と出典の文章」（『岡大国文論稿』第12号、1984年）
岡田希雄「源為憲伝攷」（『説話文学研究叢書』第7巻、『岡田希雄集』、クレス出版、2004年、初出・1942年）
岡田希雄「源順及同為憲年譜（上）」（『説話文学研究叢書』第7巻、『岡田希雄集』、クレス出版、2004年、初出・1942年）
岡田希雄「源順及同為憲年譜（下）」（『説話文学研究叢書』第7巻、『岡田希雄集』、クレス出版、2004年、初出・1943年）
春日政治「和漢の混淆」（『国語国文』第6巻第10号、1936年）
加藤純章「羅什と『大智度論』」（『印度哲学仏教学』第11号、1996年）
国東文麿『今昔物語集成立考（増補版）』（早稲田大学出版部、1978年、初版・1962年）
小泉弘「三宝絵」（『説話集の世界Ⅰ――古代――』、勉誠社、1992年）
河野智子「スタソーマ王本生研究（１）」（『印度学仏教学研究』第30巻2号、1982年）
小松登美「『妃の宮』考」（『跡見学園短期大学紀要』第7・8集、1971年）
佐藤辰雄「『法華験記』の依拠した『三宝絵』伝本をめぐって」（『歌子』第5号、1997年）
杉本卓洲『菩薩――ジャータカからの探求――』（平楽寺書店、1993年）
鈴木奈南「クナーラ太子流離譚小考」（『研究年報』第29号、1986年）
関敬吾『日本昔話大成』（角川書店、1978年-1980年）
瀬間正之『記紀の文字表現と漢訳仏典』（おうふう、1994年）
高田修『仏教の説話と美術』（『講談社学術文庫』、講談社、2004年）
高橋貢『中古説話文学研究序説』（桜楓社、1974年）
高橋盛孝「賢愚経とザン・ルン」（『東方学』第26輯、1963年）
玉木弁立「漢訳『賢愚経』と『mdsaṅs-blun』」（『大正大学大学院研究論集』第4号、1980年）

塚田晃信「国文学のジャータカ（一）――三宝絵を中心として――」（『東洋学研究』第9号、1975年）

塚田晃信「落飾と受戒の間――三宝絵撰進の背景試論――」（『東洋大学短期大学紀要』第7号、1976年）

塚本善隆編『肇論研究』（法蔵館、1955年）

土田龍太郎「智厳訳『師子素駄娑王断肉経』」（『仏教教理の研究』、春秋社、1982年）

外村展子「東寺観智院旧蔵本『三宝絵詞』の筆写者」（『三宝絵・注好選』、『新日本古典文学大系』、岩波書店、1997年、初出・1994年）

中川忠順「源為憲の三宝絵」（『説話文学』、『日本文学研究資料叢書』、有精堂、1972年、初出・1909年）

中田祝夫『改定新版　東大寺諷誦文稿の国語学的研究』（風間書房、1979年、初版・1969年）

中野義照訳（M. ヴィンテルニッツ著）『叙事詩とプラーナ』（『インド文献史』第2巻、日本インド学会、1965年）

中村元『原始仏教の思想』下（春秋社、1971年）

奈良康明「『真実語』について」（『日本仏教学会年報』第38号、1973年）

原実「kṣatra-dharma（上）――古代インドの武士道――」（『東洋学報』第51巻、1968年）

原実『古典インドの苦行』（春秋社、1979年）

原実「慈心力」（『国際仏教学大学院大学研究紀要』第3号、2000年）

干潟龍祥『本生經類の思想史的研究』（東洋文庫、1954年）

干潟龍祥『ジャータカ概観』（鈴木学術財団、1961年）

平等通照『印度仏教文学の研究』第2巻（印度学研究所、1973年）

平岡聡『説話の考古学――インド仏教説話に秘められた思想――』（大蔵出版、2002年）

古山健一「護持力としての dhamma」(『仏教研究』第31号、2003年)
本田義憲「Sarṣapa・芥子・なたねに関する言語史的分析」(『仏教学研究』第18巻第19号、1961年)
前田惠學『文学として表現された仏教』(『前田惠學集』第5巻、山喜房仏書林、2004年)
前田惠學『原始仏教聖典の成立史研究』(『前田惠學集』別巻1、山喜房仏書林、2006年、単行本初版・1964年)
前田雅之「一角仙人物語の構造と展開(一)——『マハーバーラタ』所収話の構造——」(『文芸と批評』第5巻6号、1981年)
増成冨久子「『三宝絵』東大寺切における『絵解き』部分の性格」(『築島裕博士古稀記念　国語学論集』、汲古書院、1995年)
町田順文「シビジャータカについて」(『印度学仏教学研究』第28巻2号、1980年)
松村淳子「ジャイナ所伝のクナーラ物語」(『仏教研究』(第14号、1984年)
松村恒「Analecta Japonica」(『神戸親和女子大学研究論叢』第32号、1999年)
松村恒「シビ本生話と捨身供養」(『印度学仏教学研究』第52巻2号、2004年)
松本純子「シビ王伝説——仏典における捨身物語の諸相——」(『善通寺教学振興会紀要』第8号、2002年)
馬淵和夫「三宝絵詞の草稿本、東大寺切・関戸本について」(『説話』第9号、1991年)
水田紀久「東寺觀智院本三寶繪詞の記載形式の成立」(『国語国文』第21巻7号、1952年)
望月信亨『佛教經典成立史論』(法蔵館、1946年)
森章司『原始仏教から阿毘達磨への仏教教理の研究』(東京堂出版、1996年)
森正人「三宝絵の成立と法苑珠林」(『愛知県立大学文学部論集(国文学科編)』第26号、1977年)
森正人「三宝絵——内親王のための仏教入門書——」(『国文学——解釈と鑑賞

――』第72巻8号、2007年)

矢島文夫『古代エジプトの物語』(『現代教養文庫』、社会思想社、1986年、初版・1974年)

安田尚道「三宝絵の絵と絵解き」(『絵解き』、有精堂、1985年)

柳田国男『日本昔話名彙』(日本放送出版協会、1948年)

山崎元一『古代インドの王権と宗教』(刀水書房、1994年)

山田孝雄「文学史料としての三宝絵詞」(『説話文学』、『日本文学研究資料叢書』、有精堂、1972年、初出・1914年)

山田龍城「梵語仏典の文献学序説」(『東北大学文学部研究年報』第8号、1957年)

横田隆志「舎利をめぐる法会と説話――『三宝絵』下巻『比叡舎利会』を読む――」(『国語と国文学』第77巻12号、2000年)

横田隆志「百石讃嘆と『三宝絵』」(『論集説話と説話集』、和泉書院、2001年)

横田隆志「『三宝絵』下巻『盂蘭盆』考」(『仏教文学』第26号、2002年)

若原雄昭「真実(satya)」(『仏教学研究』第50号、1994年)

若原雄昭「真実の力」(仏教史学会・2003年度大会シンポジウム配布資料、2003年11月29日、於関西大学)

Antti Aarne and Stith Thompson. *The Types of the Folktale: A Classification and Bibliography.* Helsinki, 1961.

Cecil Maurice Bowra. *Heroic Poetry*. London, 1961.

John Brockington. *The Sanskrit Epics*. Leiden, 1998.

John Brough. 'The Chinese pseudo-translation of Ārya-śūra's Jātakamālā' in *Asia Major*, New Series, 6:1, (1964).

W. Norman Brown. 'The Basis for the Hindu Act of Truth' in *Review of Religion,* (1940).

W. Norman Brown. 'The Metaphysics of the Truth Act (*Satyakriyā)' in

Mēlanges d' Indianisme ā la Mēmoire de Louis Renou, Paris, 1968.

W. Norman Brown. 'Duty as Truth in the Rig Veda' in *India Maior*, ed. J. Ensink and P. Gaeffke, (Leiden, 1972).

Eugene Watson Burlingame. 'The Act of Truth (Saccakiriya): A Hindu Spell and its Employment as a Psychic Motif in Hindu Fiction' in *Journal of the Royal Asiatic Society*, 1917.

J. W. de Jong. 'The Study of the Mahābhārata, A brief survey (Part 1)' in *法華文化研究* 10 (1984).

J. Ensink. 'Mitrasaha. Sudāsa's son, with the Spotted Feet' in *Pratidānam*, The Hague, 1968.

E. Washburn Hopkins. *Epic Mythology*. Strassburg, 1915.

Heinrich Lüders. 'Die magische Kraft der Wahrheit im alten Indien' in *Zeitschrift der Deutschen Morgenländischen Gesellshaft* 98 (1944).

Justin Meiland. Buddhist values in the Pali Jatakas, with particular reference to the theme of renunciation. Unpublished PhD thesis, Oxford, 2003.

Marion Meisig. *König Śibi und die Taube, Wandlung und Wanderung eines Erzählstoffes von Indien nach China*. Wiesbaden, 1995.

Dieter Schlingloff. *Studies in the Ajanta Paintings——Identifications and Interpretations——*. Delhi, 1987.

Yusho Wakahara. 'The Truth-utterance (satyavacana) in Mahāyāna Buddhism' in *仏教学研究* 56 (2002).

Kaikyoku Watanabe. 'The Story of Kalmāṣapāda and its Evolution in Indian Literature: A Study in the Mahābhārata and the Jātaka' in *Journal of the Pali Text Society*, 1909, 236-310.

Moriz Winternitz, *Geschichte der indischen Litteratur*, bd.1. Leipzig, 1908.